교로 합으하는 애통 애로

지은이 소개

정 명 철

대구대학교 특수교육과 졸업
창원대학교 대학원 특수교육 박사 졸업(중복·지체 전공)

- **저서)** IEP-교육과정-수업과 연계한 특수교육 과정중심 평가(2019, 교육과학사)
  특수교육 교·수·평 일체화를 위한 재구성 카드 및 활용 가이드 Book
  (2019, 교육과학사)
  특수교사 수업을 요리하다 방법편, 설계편(2020, 교육과학사), 평가편(2021, 교육과학사)
  나비효과를 꿈꾸는 특수교육 이야기 '나는 특수교사다'(2021, 교육과학사)
- **현)** 부산혜원학교 교사
- **현)** 국립특수교육원 자문위원 및 한국장애인평생교육연구소 선임연구원
- **현)** 인제대학교 특수교육과 출강
- **현)** EBS원격교육연수원 "특수교사 수업레시피" 연수 강사
  "정쌤과 나누는 상식이되는 장애이해여행" 연수 강사
- **현)** 실천하는 특수교사 행동연구회 부회장

한 경 화

대구대학교 특수교육과 졸업
창원대학교 대학원 특수교육 박사 졸업(중복·지체 전공)

- **저서)** 특수교육 교육과정 재구성(2018, 교육과학사)
  IEP-교육과정-수업과 연계한 특수교육 과정중심 평가(2019, 교육과학사)
  나비효과를 꿈꾸는 특수교육 이야기 '나는 특수교사다'(2019, 교육과학사)
  특수교육 교·수·평 일체화를 위한 재구성 카드 및 활용 가이드 Book
  (2019, 교육과학사)
  특수교사 수업을 요리하다 방법편, 설계편(2020, 교육과학사), 평가편(2021, 교육과학사)
  특수교육 프로젝트 수업이야기(2020, 교육과학사)
- **현)** 거제교육지원청 장학사
- **현)** EBS원격교육연수원 "특수교사 수업레시피" 연수 강사
- **현)** 실천하는 특수교사 행동연구회 회장

이 수 경

대구대학교 특수교육과 졸업
목포대학교 교육대학원 석사 졸업(상담교육 전공)

- **저서)** 특수교사 수업을 요리하다 설계편(2020, 교육과학사), 평가편(2021)
- **현)** 전남 남악초등학교 교사
- **현)** EBS원격교육연수원 "특수교사 수업레시피" 연수 강사
- **현)** 실천하는 특수교사 행동연구회 전남지부장

박진수

부산교육대학교 사회교육과 졸업
광주교육대학교 교육대학원 석사 졸업(도덕교육 전공)

저서) 왜 교사 수준 교육과정인가(2020, 더블북)
현) 광주교육대학교목포부설초등학교 교사
현) 전남교과교육연구회 도덕분과 정회원
현) 전라남도교육청 교육과정 컨설팅 지원단 위원

박송희

나사렛대학교 유아특수교육과 졸업
단국대학교 특수교육대학원 유아특수교육 석사 수료
서울시교육청 긍정적 행동지원 TF팀 및 지원단
긍정적 행동지원 관련 강의 다수

저서) 특수교사 수업을 요리하다 방법편, 설계편(2020, 교육과학사), 평가편(2021)
  나는 특수교사다(2020, 교육과학사)
현) 수도사랑의학교 교사
현) EBS원격교육연수원 "특수교사 수업레시피" 연수 강사
현) 실천하는 특수교사 행동연구회 서울지부장

정예설

창원대학교 특수교육과 졸업
창원대학교 대학원 특수교육 박사 수료(중복·지체 전공)

저서) 특수교육 프로젝트 수업 이야기(2020, 교육과학사)
현) 덕문중학교 교사
현) EBS원격교육연수원 "통합교육으로 통하는 통로" 연수 강사
현) 실천하는 특수교사 행동연구회 홍보기획팀장

강정원

대구대학교 유아특수교육과, 초등특수교육과 졸업
서강대학교 교육대학원 석사 졸업(상담심리 전공)

현) 학현초등학교병설유치원 교사
현) 안산 긍정적행동지원 교사연구회 회장
현) EBS원격교육연수원 "통합교육으로 통하는 통로" 연수 강사
현) 실천하는 특수교사 행동연구회 회원

통합교육으로 가는 길을
묻고 답하다!

설레는 봄을 맞이하는 산책길에서 작은 통로를 만났습니다. 동그랗고 좁은 회색 통로는 들어가는 입구부터 살짝 어두워지기 때문인지 자연스럽게 시야에서 가장 가까운 것부터 집중하게 됩니다. 그래서인지 뺨을 스치는 신선한 바람도 더 잘 느껴지고 그동안 못 보고 지나쳤던 노란 들꽃도 볼 수 있었습니다. 그리고 짧은 찰나이지만 지나가는 다른 사람들도 여느 때보다 더 잘 보게 됩니다.

그런데 생각지도 못하게 맞은편 통로에서 익숙한 얼굴을 보았습니다. 정말 오랜만에 만난 고등학교 친구였습니다. 서로 그냥 인사만 하기에는 너무 아쉬워서 통로를 함께 걸어 나오며 강변 앞에 있는 크림색 벤치에 앉아 시시콜콜한 이야기를 나누었습니다. 지금도 생각해보면 그 날, 그 통로에서 느꼈던 놀람과 기쁨은 '행복함' 그 자체입니다. 저와 상대방을 집중할 수 있도록 도와주는 역할을 해 준 오룡교 아래 통로는 그렇게 특별한 의미로 남아 있습니다.

이처럼 인생에서도 그런 역할을 해 주는 시간과 장소, 물건이 있다고 생각합니다. 교사로서 각자의 일로 시간을 보내다가 특수교사와 통합학급 담임교사가 '통합교육'이라는 시·공간적 '통로'를 만나게 되고 서로 마주하게 되는 순간이 생긴다면 어떻게 해야 할까요? 서로 자각도 하지 못하고 지나칠 수도 있습니다. 그리고 반대로 서로 관심을 가지고 역할분담을 하다 보면 각자 가지고 있었던 통합교육에 대한 문제들을 지혜롭게 해결해 나갈 수도 있습니다. 물론 여기서 말하는 문제점들은 교사들마다 다 다르겠지만 '모든 학생들을 위한 통합교육을 할 수 있는 통로가 되었으면 좋겠다!'라는 바람으로 이 책이 시작되었습니다.

[통합교육으로 통하는 통로]에는 통합교육을 계획하고 시작하는 단계부터 전문영역으로 역할을 분담해야 하는 통합교육 실행단계, 그리고 그러한 과정에서 이룬 성장의 끝을 나누고 이해하는 결과단계까지 다루고 있습니다. 그리고 매 단계마다 '통통통'에서 강조하고자 하는 내용이 있습니다.

성공적인 통합교육의 실현을 위해서는 통합학급 담임교사, 특수교사 ― 이 중요한 두 주체가 긍정적이고 의미 있는 관계맺음을 통해 서로가 학생을 위해 하고자 하는 것에 대해 집중하여 살펴보고 서로에게 힘이 되어 서로에게 힘이 되어 주는 것이 중요합니다. 마치 통합교육이라는 '통로'에서 특수교사가 내딛는 입구가 통합학급 담임교사에게는 출구가 되고 통합학급 담임교사가 내딛는 입구가 특수교사에게는 출구가 되는 것처럼 서로에게 빛으로 나아가는 안내자가 될 수 있도록 함께 노력해 보면 어떨까요?
설레는 마음으로 행복한 학급을 만들어 가기 위해 오늘도 고군분투 하는 모든 교사들이 이 책을 통해 행복한 학급을 만들어나가는 데 작은 도움이 되시길 바랍니다.

아울러 [통합교육으로 통하는 통로]는 **EBS원격교육연수원 「쌤이랑」에서 온라인 연수로도 만날 수 있습니다.** 통합학급 담임교사와 특수교사가 함께 연수를 들으며 통합교육으로 통하는 통로로 함께 걸어가 보시면 좋을 듯 합니다.

저자일동

어미 새의 마음으로
통하는 특수교육

경기도화성오산교육지원청 미래국 **혁신학생지원과장 권태주**

아침 화단에서 만난
아기 새 네 마리

부모 새는 사람 인기척에 놀라
울어대지만
엄마 먹이만 기다리는
아기 새 네 마리

부모 새가 있어
작은 나무 그늘 속
보금자리가 아직은 안전한
아기 새 네 마리

아침 출근길 나무 그늘 아래 보금자리에 있는 아기 새 네 마리를 만났습니다. 사람의 인기척에 놀란 어미 새는 경계심을 드러내지만 아기 새들은 아무런 걱정이 없습니다. 엄마가 가까이 있기 때문이지요. 특수교육대상학생들도 마찬가지입니다. 특수선생님이 항상 지켜보고 있기에 안전한 학교생활을 할 수 있습니다. 하지만 일반학급 선생님은 특수교육에 대한 이해가 충분해야만 통합학급에서 특수교육대상학생을 어미 새처럼 돌볼 수가 있습니다.

특수교육을 전공한 선생님과 통합학급을 오랫동안 운영한 일반교육을 전공한 선생님이 모여 특수교사와 통합교사에게 도움을 주고자 '통합교육으로 통하는 통로'라는 귀한 책을 발간하게 되었습니다. 학생들에게 다름을 이해시키고 함께 살아가는 작은 세상을 학교에서 배움으로써 행복을 느끼게 하는데 귀한 자료가 되리라 확신합니다. 선생님들의 관심과 협력이 아이들의 성장에 지대한 영향을 끼친다는 것을 깨달아 실천하기를 기대해 봅니다.

그대, 그 향기에
'특수교육'이 더 아름다워라

수도사랑의학교 교장 신인수

"통합교육으로 통하는 통로" 새롭고 통통튀는 책을 만났습니다.

특수교사와 일반교사의 현장에서 일어나는 실수와 실패, 반복과 경험 등을 통해 나름, 맛깔나게 만들어진 '통합교육으로 통하는 통로'는 현장에서의 경험과 다양한 노하우와 통통 튀는 아이디어를 바탕으로, 실천하는 특수교사와 일반교사들이 우리 아이들을 위해 좀 더 재미있고 영양가있는 수업을 위해 행동으로 옮긴 귀한 결과물입니다.

"좋은 수업을 만드는데 필요한 정성은 수업을 계획하기에 앞서 학생들의 흥미, 강점, 특성을 파악하는 것, 내가 누구를 위한 수업을 계획하고 있는지 점검하는 것"이라는 추천 글처럼 이 '통합교육으로 통하는 통로'에는 장애의 유무와 상관없이 학생들에 대한 이해, 그들을 성장 발전시키기 위해 한 영양소가 가득한, 특히 요리사들의 미적 감각과 재치, 센스와 자기 점검까지 녹여져 있는 재미있고 흥미로운, 그래서 한 번 더 펼쳐보게 되는 교수 자료가 되는 책입니다.

그 무엇보다 우리 아이들의 입맛에 맞추고자 하는 열정과 노력, 정성과 전문성이 가득 담겨 있습니다. 선배교사로서 내가 하지 못한 일들을 하고 있는 후배교사들이 얼마나 뿌듯하고 자랑스러운지 모릅니다. 책을 읽는 내내 '눈·코·입·귀·마음'까지 호강하였습니다. 맛 뿐만 아니라 영양을 동시에 사로잡은 귀한 요리를 먹는 느낌으로 책을 읽었습니다. 이런 책을 많은 이들에게 권하게 되어 영광입니다.

2021년 서울교육의 화두인 "영과후진(盈科後進)"은 '물은 흐르다 웅덩이를 만나면 채우고 다시 흐른다'라는 의미로 '학문을 할 때는 헛된 명성을 추구하지 않고 차근차근

기초를 견실하게 닦아야 한다'는 것을 비유하는 말입니다. 이처럼 우리 특수교사, 일반교사들은 우리 안에 있는 학생들에 대한 사랑과 열정, 교육적 책무성을 통해 이해, 갈등, 전문성 등을 채우며 우리 아이들을 '세상의 빛'으로 내 세울 수 있는 그런 교육현장을 향해 나아가기를 당부합니다.

지금 그 중심에 본 "통합교육으로 통하는 통로"는 여러분들이 실천하고 행동하여 많은 선·후배 교육자들의 귀감이 되고 있습니다.

정약용의 '목민심서'에 나오는 한 구절입니다.

"밉게 보면 잡초 아닌 풀이 없고, 곱게 보면 꽃 아닌 사람이 없으되, 그대를 꽃으로 볼 일이로다~~, 겸손은 사람을 머물게 하고, 칭찬은 사람을 가깝게 하고~~, 마음이 아름다운 자여! 그대 그 향기에 세상이 아름다워라."

교육인의 한 사람으로 나로 인해 세상이 아름다웠으면 합니다. 한 걸음 더 나아가 힘든 시기임에도 교육의 현장에서 흔들림 없이 교육하시는 우리 선생님들로 인해 세상이 더 하나가 되고 아름다워지길 소망합니다. 모든 학생들이 습득하는 속도로 인해 차별받지 않고, 존중받으며 한 방향으로 함께 나아가는 그런 교육의 현장이 되길 바랍니다. 그 현장에 우리 선생님들이 있음에 감사하며, 작업에 함께 하신 모든 선생님께 감사의 인사를 전합니다.

어제 보다 나은 수업, 오늘 보다 더 빛날 우리아이들을 위해 노력하는 모든 현장에 있는 교사들이 "통합교육으로 통하는 통로"를 통해 좀 더 맛나고 영양가 있는 수업, 그래서 모두가 행복한 교육의 현장이 되기를 기원합니다.

이상적인 통합교육의
실천 현장을 꿈꾸며

중부대학교 초등특수교육과 교수 김혜리
(발달장애아동의 마음읽기 저자)

우리나라 특수교육 분야에서 통합교육에 대한 논의가 본격적으로 이루어지고, 교육 이념이자 방법으로써 자리잡게 된지도 어언 30여년에 이르고 있다. 짧다면 짧고 길다면 긴 이 기간동안 우리나라의 통합교육은 시행착오를 거치면서 나름대로의 발전을 거듭해 왔지만, 아직까지 통합교육의 현실은 그리 녹록지만은 않은 것이 부정할 수 없는 사실이다.

성공적이고 효율적인 완전 통합교육의 실현을 위해서는 일반학교의 재구조화나 교육의 일원화를 위한 시스템 구축이 거시적인 측면에서 반드시 선행되어야 하기 때문에 아직은 완성되지 못한 그래서 완성시켜 나가기 위해 부단히 노력하고 있는 우리나라 통합교육의 여건 속에서는 통합교육의 주체인 특수교사와 통합교사에게 통합교육의 실천을 맡기는 것이 질적으로 의미 있는 통합교육의 길에 가장 빨리 당도할 수 있는 방법이라 믿는다.

'특수교사와 통합교사가 함께 읽는 통합교육으로 통하는 통로'라는 제목만으로도 짐작할 수 있듯이 통합교육 현장에서 이들 두 교사 간의 긍정적이고 협력적인 관계맺음이 바로 이 교재의 핵심적인 주제이다. 물론 통합교육 장면에서 특수교사와 통합교사의 역할이나 통합교육 실행을 위한 다양한 전략 등에 관한 서적들이 이미 다수 출간되어 있지만, 이 교재는 특수교사 혹은 통합교사 어느 한쪽으로도 치우치지 않고 동등한 양자의 입장에서 통합교육의 실천을 위한 가이드라인을 명확하게 제시하고 있다는 장점을 가진다. 또한 내실 있는 통합교육의 실행을 위하여 특수교사와 통합교사에게 필요한 실제적이고 구체적인 기술과 전략들을 현장감 있게 제공하는 매뉴얼의 역할도 톡톡히 해낼 수 있으리라 생각한다.

통합교육이라는 오르막길로 향하는 과정속에서 특수교사와 통합교사 모두가 길을 헤매지 않도록, 서로 등지며 걷지 않도록, 지치지 않도록, 외롭지 않도록, 함께 손을 맞잡고 위로하고 토닥이고 응원하면서 종착지에 도착할 수 있도록… 이 교재가 통합교육으로 인해 고민하고 애쓰는 모든 교사들에게 든든한 버팀목의 역할을 해 줄 수 있기를 기대해 본다.

통합교사와 특수교사들의 네비게이션 '통통통'

전국특수교사노동조합 1,2대 위원장 **장명숙**
(포항명도학교 교사)

통합교육은 교사들 간의 통합에서부터 시작된다고 생각합니다. 아무리 좋은 프로그램이 있고, 교수 방법이 개발된다 하여도 우리나라 시스템에서는 특수학급 교사와 통합학급 교사의 만남이 자연스럽지 않다면, 통합교육은 성공하기 어렵다고 볼 수 있습니다. 이 책은 만남이 얼마나 중요하며, 또 그 만남을 어떻게 시작하면 좋을지 함께 고민하면서 책을 열고 있습니다.

최근 들어 부쩍 통합교육에 관한 책들이 시중에 많이 출판되고, 다양한 연수들도 개설되고 있어, 무척 반가운 맘입니다.. 더군다나 통합교사들의 입을 통해 통합교육을 이야기하기 시작했다는 점에서 우리 사회에서 통합교육의 희망을 엿볼수 있는 대목이라고 봅니다. 이 책 또한 특수교사와 통합교사가 함께 저자로 참여하여 다양한 각도에서 통합교육을 이야기하고 있습니다.

'통통통'은 통합교육에 대해 이야기를 하되 이전에는 볼 수 없는 내용과 구성이라 점에서 이 책만의 독특함이 있습니다. 이론서이자 실천서의 두 가지 강점을 모두 갖고 있어 구석구석 감탄하며 책을 읽었습니다.

특히 통합교사에게 강력히 추천드리지 않을 수 없습니다. 이 책에는 통합교사들이 특수교육대상학생들을 처음 접하면서 느낄 당혹감이 스며 있고, 아, 어떻게 하지? 고민하시는 분께 이 책을 선물로 드리면 좋은 가이드가 될 것이라 여겨집니다.

첫 파트에서는 어? 통합교사들의 감정을 너무 적나라하게 드러내는 거 아닌가? 싶을 정도로 통합교사들의 감정을 날 것 그대로 표현해 주어 적잖이 당황하였으나, 점차 책에

몰입하게 되면서 어느새 통합교육의 길로 한걸음 한걸음 안내 받는 느낌을 가질 수 있어 내심 안도하였습니다. 이 책을 덮을 때 즈음엔 아! 할 수 있겠다. 이렇게 해나가면 성공적인 통합학급을 운영할 수 있겠구나! 라는 자신감을 갖게 될 것입니다.

그런 점에서 이 책은 '통합교사들의 네비게이션'이라고 할 수 있겠습니다. 또한, 처음 특수학급을 맡게 된 특수교사들에게도 이보다 더 좋은 '네비게이션'은 없다고 감히 말씀 드립니다. 처음 특수교육대상학생을 맡게된 통합학급교사와 특수교사들이 무엇을 어떻게 해야 하는지를 시간 순서대로 잘 안내하고 있으니 '걱정 말아요 그대~'

또한, 다양한 장애영역별 특성을 쉽게 설명해 주어 따로 다른 자료를 찾지 않아도 될 만큼 전문적인 내용도 포함하고 있으며, 그 특징에 따른 통합교육팁이 구석구석 잘 녹아나 있습니다. 이 책을 펴서 하나하나 따라 하시다 보면 어느샌가 통합교육 전문가가 되어 있을 것이며, 훌륭한 통합교육지원교사가 되어 있을 것이라고 확신합니다.

이 책의 대부분은 유니버설 디자인 러닝의 관점에서 풀어내고 있습니다. 모든 아동들이 차별없는 양질의 교육을 받는 것이 우리교육이 나아가야 할 방향입니다. 개개인의 다양성을 존중하고 수용하며 개별적인 교육적 욕구에 민감하게 반응해 나가는 것, 통합교육은 장애인 교육에 국한되는 것이 아니라 교육 전반의 질적인 수준을 높이는데 기여할 수 있을 것입니다.

통로는 사랑하는 마음과 연결됩니다.

함평 해보초등학교 **전상현**
(메이커교육 사용설명서 저자)

제 아내는 공립초등학교에서 특수학급을 담당하는 특수교사입니다. 그리고 저는 공립초등학교에서 근무하는 3학년 담임교사입니다. 아내와 결혼하기 전까지는 특수학교, 특수학급, 통합학급에 대해서 알지 못했습니다. 특수교육대상 학생이 반에 없었기에 통합교육에 대해 구체적으로 알 필요가 없었지요. 그리고 특수학급을 담당하는 선생님이 계시는 것은 알았지만 그 분이 어떤 일을 하는지, 어떻게 선생님들과 협력하는지 알지 못했습니다.

그러다 지금의 아내를 만나고 특수교사와 통합학급에 대해서 자연스럽게 알게 되었습니다. 학교에 다수인 일반 초등교사들 속에서 특수교사는 외로운 존재입니다. 학교는 다수의 일반 교사들 위주로 움직이고 일반 학생들의 초점으로 교육과정은 운영됩니다. 이런 상황이기에 특수교사는 외톨이가 되는 경우가 많습니다. 그리고 대다수의 학교에 특수교사는 한 명이 배치됩니다. 본인의 업무, 동료교사와의 관계, 통합학급 학생들 지도 등 선배교사들로부터 배울 수 있는 것들을 제대로 알지 못한 채 혼자 고군분투하며 터득해가지요. 잘하지 못하는 스스로를 탓하게 되고 특수교사로서 가지고 있던 꿈들도 사그라들어 가는 자신을 보게 됩니다.

특수교사인 아내와 만나지 못했다면 아마도 저 역시 특수교육, 특수교사의 삶, 통합학급 등에 대해 알지 못했을 것입니다. 퇴근 후 아내는 학교에서 있었던 일에 대해 이야기 합니다. 일반교사들의 알지 못하는 고충들과 힘듦, 서러움 등에 대한 것들이지요. 아내의 이야기를 들으면서 특수교사들이 학교에서 잘 적응할 수 있도록 도와줄 수 있는 자료가 있었으면 하는 생각을 했습니다. 원칙적인 내용만 담겨있는 자료가 아닌 교사들의 눈으로 바라보고 친절하게 설명해주는 그런 자료들말이지요.

매년 교사들이 만나는 아이들은 달라집니다. 학년도 바뀌고 업무도 변화되지요. 해가 갈수록 교실에서 아이들을 가르치는 것보다 업무적으로 교사들이 해야 하는 것들이 늘어납니다. 이런 상황에 교실에서 문제를 일으키거나 학습진도를 잘 따라오지 못하는 아이들은 문제아가 되기 쉽습니다. 일반교사들 역시 이 아이들이 어떻게 하면 친구들과 잘 어울리도록 할지, 학습에서도 뒤떨어지지 않도록 할지에 대한 정확한 교육을 받지 못했지요. 이럴 때, 특수교사와 협력하여 교육이 이루어진다면 아이들은 지금보다 더 나은 상태로 변화될 것입니다.

책 속에는 특수교사가 알아야 할 내용들 뿐만 아니라 통합학급을 담당하는 일반교사들에게도 필요한 내용들이 담겨져 있습니다. 학교에서 이루어지는 업무 방법 및 다양한 수업 사례들도 소개되어 있지요. 특수교사인 아내와 이야기를 나누며 아내에게 뿐만 아니라 내게도 필요한 책이 있으면 좋겠다는 생각을 했습니다. 이 책은 특수교사인 아내와 초등학교 담임교사인 저에게 모두 도움이 되는 내용들이 담겨 있습니다.

통로는 단순히 사람이 걷는 길은 아닙니다. 마음과 마음을 연결해주는 사랑의 의미가 더 담겨있지요. 특수교사, 통합학급 교사, 일반교사들이 함께 사랑의 마음을 모아 아이들을 가르친다면 이보다 더 아름다운 통로는 없을 것입니다.

Contents

Chap. 1
하나하나 씨앗이 되는

01. 서로가 Win Win하는 통합학급 이야기 ········ 23
02. 통합교육, 관계 형성이 반이다. ················· 29
03. 특수교육대상학생과 관계 형성하기 ········· 33
04. 통합의 장소를 달콤한 공간으로 만들기 ····· 36
05. 특수교사와 함께 만드는 통합학급 시간표 ··· 40
06. 반가워! 통합교육은 처음이지? ················ 50
07. 통합의 시작, 도전행동 이해하고 지원하기 ··· 57
08. 학교 내부사정, 보는 힘 기르기 ················ 63

[통합상식 디저트 타임 1] ·························· 68
- 영화 속 장애이해 (자폐 및 정서행동장애)

Chap. 2
함께 그리는 스케치

01. 통합학급에서 긍정적 행동지원 실천하기 ···· 78
02. '다름'을 통해 '아름다움'을 배우다 ············ 85
03. '함께'해서 '행복함'을 느끼다 ··················· 90
04. 공감하고 존중하는 통합교육 실현하기 ······ 93
05. 통합학급 운영 Know-How 알아보기 ······· 105
06. 특수교사와 통합교사의 협력수업 실천하기 1 ·· 114
07. 특수교사와 통합교사의 협력수업 실천하기 2 ·· 116
08. 성장의 흔적, 7월과 12월 교과서를 모으자 ··· 118
09. 자율동아리로 공동 수확을 경험하기 ········· 120

[통합상식 디저트 타임 2] ·························· 122
- 영화 속 장애이해 (지체장애)

Chap. 3

이해와 소통의 울타리

01. 그림책을 활용한 장애인식개선교육 ·········· 134
02. 장애인식개선을 위한 다양한 시도 계속하기 ··· 138
03. 학교 인권지킴단 만들기 ····················· 142
04. 365일, 매일 조금씩 장애 인권 지수를 높이기·· 144
05. 전문적 학습공동체 운영을 통해 ·············· 147
    정기적으로 소통하기
06. 2명이 함께 해서 2배로 행복한 협력 교수 ···· 150
    설계하기
07. 통합학급 대화의 날을 매달 정기적으로 ······· 155
    운영하기
08. 개별화교육지원팀과 함께 학생의 ············· 158
    성장 지원하기
09. 통합교육 간담회에서 함께 고민하기 ········ 164

[통합상식 디저트 타임 3] ························· 166
- 영화 속 장애이해 (지적장애 및 시.청각장애)

부록

독일의 통합교육 이야기 ······················ 184
캐나다의 통합교육이야기 ···················· 188
헝가리의 통합교육이야기 ···················· 191

19

Chap. 1

하나하나
씨앗이 되는 _____

통합 교육으로 통하는 통로

통합교육으로
통하는
통로 마주하기

통통통쌤이 알려주는 통합교육으로 통하는 정보

발달지체를 보이는 특수교육대상자
신체, 인지, 의사소통, 사회·정서, 적응행동 중 하나 이상의 발달이 또래에 비하여 현저하게 지체되어 특별한 교육적 조치가 필요한 영아 및 9세 미만의 아동

심리검사 전문기관 테스피아에서는 발달지체선별검사를 연령별로 제공해주고 있습니다. 현재 학생의 발달단계와 수준을 파악할 수 있으므로 학부모님과 가벼운 마음으로 테스트해 보는 것도 좋은 방법입니다. 이외에도 문제행동, 성격, 기질, 태도 등에 관해 간단하게 검사해 볼 수 있습니다.

http://www.psytest.kr/

우리 반에 특수교육대상학생이 배정되어 있으신가요?
새학년 새학기가 시작되기 전 발달지체 선별검사로 학생의 수준을 미리 파악해보세요^^

[출처:테스피아 홈페이지]

01.
서로가 Win Win하는 통합학급 이야기

> **통통통 이야기**
>
> 특수교사와 통합학급 담임교사는 1년을 함께 동행하는 교육파트너이다. 이런 파트너와의 관계 형성은 학기 시작부터인 3월 2일부터가 아닌 새학년 집중 준비 기간부터이다.

학교에는 수많은 구성원들이 공존한다. 이 중 특수교사가 함께하는 파트너는 특수교육실무사[1], 사회복무요원 외 가장 중요한 통합학급 담임교사가 있다. 특수교사는 통합학급의 시스템에 대해 자세하게 들여 다 볼 기회가 적다. 특수교사와 통합학급 담임교사는 같은 길을 걷는 담임교사이지만 서로가 하는 교육과 업무가 다르다 보니 서로 알 수 있는 기회가 적다. 같은 길을 걷지만 서로 다른 교육관을 나눌 기회를 주기적으로 가져야 특수교육대상학생에 대한 교육적 효과를 기대할 수 있을 것이다.

통합학급 담임교사와의 협력 관계를 형성하자

특수교육대상학생은 담임교사가 2명이다. 특수학급의 담임교사는 전출을 가지 않고는 그대로지만 통합학급 담임교사는 매년 바뀌게 된다. 이를 역으로 생각해보면 특수교사도 학생들은 바뀌지 않지만 통합학급 담임교사는 매년 바뀌게 된다. 통합학급 담임교사가 배정되게 되면 특수교육대상학생과 특수교사는 긴장을 하게 된다. 하지만 통합학급 담임교사도 마찬가지라는 것을 우리는 간과하면 안된다. 같은 길을 가는 담임교사이지만 서로가 하는 교육과 업무가 다르다 보니 서로 알 수 있는 기회가 적다. 같은 길을 걷지만 서로 다른 교육관을 나눌 기회를 주기적으로 가져야 특수교육대상학생에 대한 교육적 효과를 기대할 수 있을 것이다.

통합학급 담임교사는 1년 동안 함께 해야 할 특수교육대상학생에 대한 학생의 특성과 정보를 특수교사로부터 전달받아야 하지만 대체적으로 전년도 통합학급의 담임교사를 통해 전해 들으려고 한다. 이는 특수교사와의 관계가 아직 서먹하고 어렵기 때문이다. 같은 한 공간에서 같은 목적의 길을 걷는데 왜 그러는 것일까?

---

[1] 특수교육실무사, 특수교육지도사, 특수교육실무원의 용어는 시도교육청마다 다르게 지칭된다. 이 책에서는 특수교육실무사라는 용어로 통일하여 제시한다.

이유는 서로의 관계가 아직 통하지 않았기 때문이다. 이런 관계를 터놓고 형성할 기회는 전국의 학교들이 학기 시작 전에 운영하는 새학년 집중 준비기간이다. 이 기간 특수교육대상학생들과 통합학급 담임교사가 배정되게 된다.

일반학급 담임교사는 반 배정표를 볼 때 가장 먼저 보는 것이 있다.
- 특수교육대상학생이 있는가 없는가?
- 전년도 해당 학년에서 힘들었던 학생이 있는가 없는가?
- 기초학력미달학생이 있는가 없는가?

특수교육대상학생을 맡게 되는 통합학급 담임교사의 반응은 특수교사라면 상상이 될 것이다. 이런 반응이 나올 때 특수교사가 먼저 다가간다면 통합학급 담임교사의 반응은 어떨까? 마치 구세주가 나타난 것처럼 반가워할 것이다. 간혹, 시큰둥한 통합학급 담임교사도 있지만, 대체적으로는 격하게 환영할 것이다.

이때 특수교사는 통합학급 담임교사와 여러 가지 협조를 하여야 한다. 이 시기를 놓치게 되면 서로가 바쁘기 때문에 이해관계가 아닌 배타적인 관계로 변질할 수도 있다. 특수교육대상학생들이 등교하지 않는 즉, 미리 준비할 수 있는 시간이 많은 새학년 집중 준비기간이 적기인 것이다.

특수교육대상 학생에게 필요한 사항을 맵핑하자

특수교육대상학생의 종류는 다양하다. 장애인복지법 시행령 [별표 1] 장애의 종류 및 기준에 따른 장애인에 따르면 장애인의 종류는 15가지로 제시되어 있다. 이중 학교에서 접하게 되는 특수교육대상학생들은 지체장애, 발달장애, 시각장애, 청각장애, 자폐, 뇌병변 등이 많은 것 같다.

특수교사는 다양한 특수교육대상의 학생을 경험하지만, 통합학급 담임교사는 경험이 매우 적다. 때로는 다양한 학생을 경험한 통합학급 담임교사도 있지만, 대체적으로는 경험이 적기 때문에 특수교사의 협조가 필요하다.

통합학급 담임교사가 배정받은 특수교육대상학생에 대한 정보는 이름과 그 학생이 지니고 있는 장애 유형 정도이다. 특수교육대상학생에 대한 세부적인 정보를 알 수가 없으므로 많은 고민에 빠지게 된다.

특수교육대상학생을 배정받은 통합학급 담임교사의 고민거리
- 특수교육대상학생의 장애 정도는 심할까 심하지 않을까?
- 자리 배치는 어떻게 해야 할까?
- 통합학급 학생들과 잘 어울리게 할 방법은 무엇일까?
- 특수교육대상학생을 고려한 우리 반 시간표를 어떻게 편성할까?
- 특수교육대상학생의 부모님은 통합학급에 어떤 마음을 가지고 있을까?

특수교사가 통합학급 담임교사에게 전해주어야 할 정보
- 특수교육대상학생의 장애 정도
- 장애 정도에 따른 월별 자리 배치 팁
- 통합학급 학생들과 잘 어울릴 수 있는 프로그램
- 특수교육대상학생에 적합한 교과 시간 운영 계획표
- 특수교육대상학생의 부모님이 바라는 통합교육의 관점

학기가 시작되기 전 통합학급 담임교사는 많은 고민과 걱정을 갖게 된다. 이런 고민거리를 특수교사가 미리 알고 해결해줄 수 있는 실마리를 갖고 다가간다면 통합학급 운영은 순조로운 항해가 될 것이다.

통합학급 담임교사와 특수교사는 동상이몽을 가질 때가 있다. 이는 서로가 불편해할 것이라는 잘못된 오개념에서 시작된 것이다. 특수교사와 통합학급 담임교사가 함께 협력적인 관계를 볼 때가 많지만 그렇지 못한 경우도 보게 된다. 이는 협조 관계가 아닌 책임의식을 서로에게 전가할 때 많이 볼 수 있는 현상이다. 학기 초가 되면 서로를 탐색하게 되고 서로의 관계를 본인 스스로가 단정하게 되는 경우도 간혹 있다.

특수교사와 통합학급 담임교사는 같은 길을 걷는 교사이자 특수교육대상학생을 함께 성장시키는 동반자라는 것을 명심하였으면 한다.

수업에 지원할 사항을 점검하자

통합학급 속의 특수교육대상학생은 소수이다. 그로 인해 때로는 특수교육대상학생이 소외되는 경우를 종종 발견할 수가 있다. 이런 모습을 곁에서 지켜보는 특수교사의 마음은 억장이 무너질 것이다. 억장이 무너지는 모습을 보고만 있을 것인가?

과연 정답은 없을까? 정답은 아주 가까운 곳에 있다. 바로 교사의 관심이다.

통합학급 담임교사의 입장에서 바라본다면 특수교육대상학생은 소수이기 때문에 관심의 정도가 학기 초에는 매우 높지만, 학기가 지나면서 점점 낮아지게 된다. 이는 관심이 없어서가 아니라 통합학급 속의 특수교육대상학생이 익숙해지기 때문이다. 특수교육대상학생의 성향은 교사의 관점에 따라 수업 방해요소가 될 수도 있고 때로는 수업 활용요소로 될 수도 있다. 이는 매 차시별 수업을 설계할 때 통합학급의 담임교사가 이러한 성향을 수업 활용요소로 활용을 하느냐 하지 않느냐에 달려 있다.

특수교육대상학생이 속해 있는 통합학급의 동료수업을 보게 되면 두 가지 모습을 관찰할 수 있다. 첫 번째는 특수교육대상학생이 지닌 특성을 파악하여 수업 속에 포함시켜 진행하는 모습이며, 두 번째는 특수교육대상학생이 배제된 수업이다. 특수교육대상학생이 적극적으로 참여하는 수업을 본다면 특수교사는 안심이 되겠지만 특수교육대상학생이 배제된 수업을 본다면 특수교사의 마음은 어떨까? 통합학급 담임교사에게 서운한 마음이 들것이다.

하지만 서운하고 실망스러운 마음은 잠시 접어 두고 통합학급 담임교사의 마음을 살펴보자. 특수교육대상학생이 수업에서 배제된다는 것은 통합학급 담임교사가 관심이 적은 것일 수도 있지만 어떻게 해야 하는 방법을 모르는 것일 수도 있다는 것이다.

특수교사가 통합학급 담임교사에게 수업시간에 주어야 할 정보
- 교과별 수업에 관한 특수교육대상학생의 관심도
- 특수교육대상학생을 보조해 줄 수 있는 학급 도우미의 역할
- 수업 중 지원인력이 필요한 교과의 시간
- 특수교육대상학생이 관련 수업시간에 할 수 있는 보조 학습지
- 특수교육대상학생이 수업에 관심을 가지도록 할 수 있는 수업자료
- 수업 전 수업시간에 해야 할 우리들만의 수업 약속

특수교사에게 통합학급 수업 지원에 대한 팁을 소개하자면, 일반적으로 특수교육대상학생이 학급에 속해 있다면 통합학급 담임교사는 학부모에게 수업에 관한 주간학습안내를 제공한다. 특수교사도 특수학급 주간 학습안내를 제공하고 있다. 여러분들은 통합학급과 특수학급의 주간학습안내를 서로 교환하고 확인하고 있는가? 서로의 시간표를 확인한다면 무엇이 달라질까?

특수교사가 통합학급 주간학습안내를 확인해야 하는 사항
· 통합학급에서 이루어지는 수업 학습의 내용과 교과 수업 진도 확인
· 수업시간에 지원인력이 필요한 교과 시간 확인
· 통합학급 교과학습에서 함께 할 수 있는 통합교육의 여부
· 장애이해교육시간 외 통합학급 학생들과 함께할 수 있는 어울림 시간 여부

통합학급 담임교사가 특수학급 주간학습안내를 확인해야 하는 사항
· 특수학급의 현장체험학습일
· 특수교육대상학생의 교과 학습수준 및 학습 진도
· 특수학급에서 실시하는 장애이해교육
· 통합학급에서 함께 할 수 있는 통합교육 여부

주간학습안내를 확인하는 것은 서로에 관한 관심의 표현이다. 통합학급 담임교사가 놓친 부분을 특수교사가 보충해줄 수 있고, 특수교사가 놓친 부분을 통합학급 담임교사가 빈틈을 채워줄 수가 있다. 이는 서로가 협조 관계라는 것을 다시금 확인해주는 부분이다. 특수학급에 특수교육대상학생의 주간학습안내 칸을 지금부터라도 마련해놓으면 어떨까?

통합학급 담임교사와의 주기적인 티타임 시간을 정하자

특수교사와 통합학급 담임교사가 1년에 만나는 시간이 얼마나 될까? 반드시 의무적으로 만나야 하는 시간은 정해져 있다. 그것은 바로 개별화 교육계획(IEP) 수립을 위한 협의회이다. 이 시간이 지나면 서로 만나는 시간이 거의 없는 것 같다. 일부러 관심을 가지고 찾아가지 않고서는 만남의 기회는 없고 업무적인 메시지와 전화 통화할 뿐이다.

통합학급 담임교사와 특수교사가 협조를 잘하면서 지내는 경우도 있지만, 대체적으로는 둘의 관계가 서먹하거나 어색하다. 이유는 서로의 교육에 대해 교육관을 내비치지 않고, 교육에 대한 철학을 존중하기 때문이다.

학교를 들여다보자. 작은 규모의 학교도 있지만, 대부분은 중규모 이상의 대규모 학교 속에 특수학급이 적게는 1학급, 많게는 3학급 이상이 있다. 2학급 이상의 특수학급이 있는 학교의 경우 특수교사 간의 협조 관계가 두텁기 때문에 서로에 대한 속마음을 터놓는 티타임을 가지면서 수업에 대해 협의를 하곤 한다.

하지만 통합학급 담임교사와 특수교사가 티타임을 하면서 특수교육대상학생에 대해 주기적으로 협의를 하는 경우는 드문 것 같다.

이러한 현상은 서로에 대한 관심은 가지고 있지만, 섣불리 연락하기가 쉽지 않기 때문일 것이다. 통합학급 담임교사는 동학년, 학년군 단위로 수업 협의를 하는 시간을 정하는 경우가 많다. 이 시간에는 수업에 대한 협의, 생활지도, 학급운영의 어려움, 개인적인 상담 등을 하지만 그 속에는 특수교육대상학생에 대한 이야기도 많다.

통합학급 담임교사들 사이에서 나누는 이야기 속에 특수교육대상학생의 비중이 높다는 것은 학생지도에 대한 어려움도 있다는 것이다. 이런 이야기를 통합학급 담임교사들 사이에는 거리낌 없이 나누지만 정작 특수교사와는 나누지 못하는 것은 만남의 기회가 상대적으로 적기 때문일 수도 있다.

개별화 교육계획(IEP) 협의회에 가보면 특수교육대상학생에 대한 수많은 이야기를 하면서 1년 동안의 교육 방향을 설정한다. 이 자리에는 원만한 진행을 위해 간식을 준비하곤 한다. 이런 좋은 자리를 주기적으로 마련하여 서로에 대한 어색함을 없애고 올바른 교육의 방향을 찾아보면 어떨까?

02. 통합교육, 관계 형성이 반이다

> **통통통 이야기**
>
> 통합학급 담임교사, 지원인력, 학부모, 학교 관리자, 행정직원 등등 특수학급 교사는 홀로 많은 관계 맺음을 이어가고 있다. 때로는 부담스럽고 힘에 부치겠지만 이렇게 연결된 수많은 관계들을 잘 형성하고 관리하는 것은 특수교사의 중요한 역할이자 성공적인 통합교육으로 가는 통로가 될 수 있다.

'시작이 반이다'라는 말이 있다. 무슨 일이든지 시작을 한다는 자체가 얼마나 어렵고도 중요한 과정인가를 강조하는 것이다. 이 말을 빌려 통합교육에서는 '관계 형성이 반이다'라고 얘기하고 싶다. 특수교사가 관리자, 통합학급 담임교사, 특수교육 지원인력과 관계가 잘 형성되어 있으면 어떤 활동을 계획하든지 서로 협력하고 보완하면서 잘 해나갈 수 있는 발판이 되기 때문이다. 협력은 성공적인 통합교육의 핵심이자 필수적인 요소이고, 이러한 협력은 관계 형성으로부터 시작된다.

관리자와의 관계형성

관리자가 통합교육의 실행에 있어 얼마나 관련이 있을까? 라고 의문을 가질 수 있지만, 관리자는 최종 결재권자인 동시에 학교의 책임자다. 활동을 계획하고 시행할 때 추진계획을 수립하고 내부결재를 올리고 관련된 재료나 교구 등을 품의하여 마지막엔 관리자의 결재를 받아야 한다. 교사를 신뢰하고 교육활동을 전적으로 지원해 주는 관리자를 만난다면 다행이지만 많은 경우에 통합교육 관련 활동이 아이들에게 왜 필요한지, 어떤 교육적 목적과 기대효과가 있는지 설명하는 과정이 필요하다.

이를 위해 **특수학급 교육과정을 세울 때 통합교육의 목적과 중요성, 월별 계획 등 구체적인 내용을 삽입하는 것이 좋다.** 매번 따로 찾지 않아도 특수학급교육과정을 관련으로 넣을 수 있고 세부 내용에 대해서는 그때그때 내부기안을 작성하면 좀 더 수월하게 프로그램을 진행할 수 있다.

> 학기 초 교내 탐방을 할 때 교무실, 교장실을 방문해 관리자와 인사하는 시간을 갖자. 여의치 않은 상황이라면 아이들의 사진과 이름을 넣은 파일을 보여드려도 좋다. 먼저 친근하게 다가가고 표현할 때 관리자도 특수학급에 더 관심을 갖고 지원하게 된다.

요리나 원예활동을 했다면 해당 결과물을 교무실이나 교장실에 가져가 관리자에게 보여드리도록 하자. 대부분은 반색하며 맞이하고 격려해 주신다. 이러한 과정을 통해 특수학급과 통합교육에 대한 활동을 자연스럽게 접하고, 앞으로의 통합교육활동이나 계획에 대해서도 신뢰감을 드릴 수 있다.

담임교사와의 관계형성

통합학급 담임교사는 특수교사와 함께 교육과정 내에서 실질적으로 학급 운영과 수업에 대한 공동의 책임을 갖고 활동을 계획하고 실행한다. 통합학급 담임교사와의 협력이야 따로 말할 것도 없이 중요하지만, 서로의 입장과 견해 차이 및 의사소통의 부재로 혹은 실질적인 협력수업 실행에 대한 부담감으로 어려움을 느끼는 경우가 많다. 협력이 이루어지고 또 통합활동을 잘 준비하기 위해서는 통합학급 담임교사와 특수교사 간 정서적인 교류와 더불어 편안하고 자연스러운 분위기에서 이루어지는 소통이 중요하다.

역지사지의 관점에서 통합학급 담임교사가 느낄 수 있는 어려움을 공감하면서 통합교육의 필요성과 당위성에 대해 이해시키고 조금씩 협력수업을 실행해보는 것이 좋다.

통합교육 시간이 제대로 확보가 되어있지 않거나 통합학급 담임교사가 과도한 부담감을 가지고 있는 경우 흥미 있는 역통합활동을 계획해서 조금씩 통합에 대한 관점과 시간을 확대해 나가는 것도 괜찮은 방법이다.

다양한 형태의 협력교수 중 두 가지 이상의 특성을 섞어 새로운 형태의 협력교수를 실행할 수도 있다.

스테이션 교수의 경우 영역이나 과정별로 프로그램을 진행하므로 담당하는 학생수가 적어지고 업무부담이 경감된다는 장점이 있지만, 시간계획이 어렵고 소음 수준이 높아져 자칫 주의가 산만해질 수 있다는 단점이 있다.

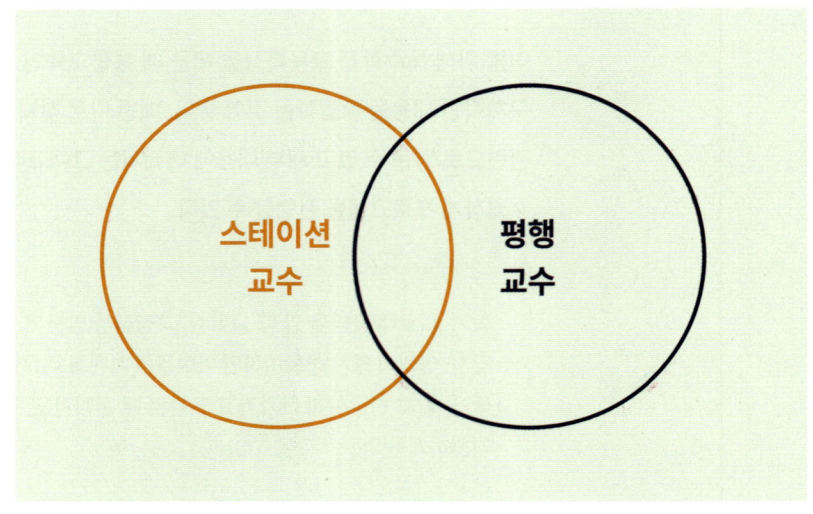

스테이션 교수를 평행 교수와 접목하여 통합학급과 특수학급의 교실을 스테이션 교수의 장소로 나누고 동일 활동 또는 동일 활동 내 다른 과정을 각각 실행해보자. 이때 특수교육대상학생은 통합학급에 있을 수도, 특수학급에 있을 수도 있다. 통합학급에 속해 있을 때는, 지원인력의 지원이 가능하고 통합학급에 대한 소속감이 높아질 수 있다. 또한, 집단이 두 개로 나누어지므로 활동 진행 시 통합학급 담임교사의 부담도 줄어들 수 있다. 특히, 놀이중심교육과정을 적용하는 유치원 학급에서 용이하게 적용할 수 있다.

이 같은 협력교수를 활용한 통합교육은 특수학급에 오는 통합학급 학생들에게도 좋은 효과를 줄 수 있는데, 특수학급에 대한 심리적 거리감을 줄이고 매일 수업하는 교실이 아닌 다른 교실에서 수업함으로써 활동에 대한 기대감과 참여도를 높일 수 있다.

> 평소 관찰용, 기록용, 상담용으로 상황이 가능한 선에서 활동사진을 많이 남기는 편이다. 통합수업이나 협력 교수를 한 활동이 끝나면 SNS나 학교 메신저를 통해 통합학급 담임교사와 사진을 주고받는데 이때 수업의 유의미한 내용들을 공유하면서 서로 독려하고 칭찬해주며 협력교수에 대한 자신감을 불어 넣는 것도 한 가지 소통의 팁이다.
>
> 협력교수를 했던 날에는 "선생님 덕분에 오늘 OO이가 활동에 진짜 잘 참여했던 것 같아요", "오늘 수업 정말 재밌었어요! 아이디어 굿이에요~!" 라고 표현하거나 사진을 보내면서도 "선생님 △△ 사진 이거 너무 잘 나오지 않았어요??" 하면서 자연스럽게 이야기를 나눌 수 있다.
>
> 이렇게 그날그날의 활동에 대해 자연스러운 대화를 나누며 소통하고, 사진을 보며 피드백도 하는 것은 결국 동료장학의 과정이 된다. 행여라도 수업이 다소 생각대로 진행되지 않고 중간에 돌발상황이 생겨 소위 '망'했더라도 스스로를 자책하거나 상대교사를 비난하지 않도록 하자. 사전에 함께 활동에 대한 의견을 나누고, 통합교육을 위해 협력하고자 노력했다면 그것만으로도 협력교수는 성공적이지 않을까?

특수교육 지원인력과의 관계형성

현장에서 지원인력이 없으면 통합교육이 매우 어려워지는 경우가 많다. 통합교육 지원은 당연한 지원인력의 역할이지만 그 존재에 대해 당연하게 느끼거나 서로 기대에 부응하지 못한 부분에 대해서 감정적으로 생각하다 보면 관계가 소원해지고 삭막해

지기에 십상이다. 지원인력은 특수교사와 한 팀으로서 최고의 지원자가 될 수 있도록 해야 한다. 자칫 권위를 드러내거나 위계관계를 형성하게 되면 오히려 책임감을 저하시킬 수 있다.

통합시간 이후에는 자연스럽게 그 날의 활동과 특수교육대상학생에 대한 이야기를 나눌 수 있는 시간을 짤막하게나마 갖자.

평소 지원에 대해 감사와 격려의 마음을 언어적으로 표현하는 것도 좋고 만일 지원에 특별한 어려움이 있었다면 고충에 대해 나누고 공감하는 시간을 갖도록 하자.

> 개별화교육계획을 지원인력과 공유해보자. 다양한 이유로 개별화교육계획의 공유를 꺼리거나 하지 못하는 경우도 많지만 개별화교육지원팀에는 지원인력도 구성원으로 함께 포함될 수 있을뿐더러 통합교육에 있어 어떤 학생에게는 지원인력이 가장 많은 시간을 지원하는 중요한 업무를 수행한다.
>
> 구체적인 인적사항은 제외하더라도 학생의 장애특성, 교사가 파악한 현행 발달수준, 학기별 장단기 교육목표 등을 팀과 공유하는 것은 특수교육대상학생의 통합교육지원 시 큰 도움이 된다. 뿐만 아니라 교육계획을 공유함으로써 지원인력이 교육공동체로서 교육목표와 방법에 대한 책무성을 가지게 할 수 있다는 점에서 매우 중요하다.

03. 특수교육대상학생과 관계 형성하기

통통통 이야기

학생들이 적극적으로 참여하고 수업목표에 도달된 수업은 교사의 사전 준비가 완벽한 수업이다. 이런 수업은 비장애학생과 특수교육대상학생이 적극적으로 참여한다. 수업에 왕도가 있을까? 정답은 있다.

수업의 핵심은 학습 목표 도달이다. 이 학습 목표를 도달시키기 위해 교사는 성취기준을 분석하고 학습 내용을 전개하고 평가를 구상한다. 이런 과정은 완전학습을 도달시키기 위한 교사의 노력이다. 하지만 모든 학생이 학습 목표에 도달하면 금상첨화지만 그렇지 않다는 것이 현실이다.

비장애 학생 중에도 학습 목표에 도달하지 못하는 학생이 발생하는데 특수교육대상학생은 더욱 어려움이 있다. 수업목표를 도달시키기 위해서는 교사의 의도된 교육이 필요하다. 그럼 지금부터 특수교육대상학생을 수업에 적극적으로 참여시키는 몇 가지 팁을 소개하도록 하겠다.

통합수업의 포인트를 공략하라

동료 교사들의 수업을 참관할 때면 재미있는 풍경이 벌어진다. 교사의 복장부터가 달라지며 교실이 정리되어 있다. 평소 교실 모습과는 사뭇 달라질 때면 학생들의 태도부터가 다르다. 우리 선생님이 평소와 다르다는 것을 학생들이 제일 먼저 안다. 특수교육대상학생도 눈치를 챈다. '아~ 오늘 공개수업이구나!' 선생님과 학생들 모두 긴장을 하면서 수업에 들어간다.

수업을 구성할 때 교사는 무엇을 염두에 두는가? 바로 수업목표 도달이다. 교사는 수업목표 도달을 위해 수업자료, 칠판 활용, 교수·학습과정안 등을 체계적으로 구성한다. 하지만 통합학급 담임교사와 일반교사의 수업이 다른 이유는 특수교육대상학생이 있다는 것이다. 즉, 다수 속에 소수를 배려한 수업설계를 놓쳐서는 안된다.

공개수업은 평소 수업의 대표성을 띄는 거울이라 할 수 있다. 공개수업을 참관하다보면 통합학급 담임교사의 특성이 표면적으로 드러나게 되는데, 특수교육대상학생을 평소에 얼마나 관심을 두고 있는지 없는지를 엿볼 수 있다. 특수교육대상학생과 비장애 학생이 함께하는 통합수업은 성취기준 본연의 목적을 훼손하지 않아야 한다.

Chap.1 하나하나 씨앗이 되는

통합교육은 수업 속에서 교사가 무엇을 가르치고자 하며, 어떻게 학생들이 협력을 하면서 배움을 일깨워지는지에 초점을 두어야 한다.

특수교육대상학생이 좋아하는 것이 무엇인지 파악하라

보통 특수교육대상학생들은 좋아하는 것들이 있다. 즉, 무엇인가에 집착한다고 해야 할까? 이런 점을 수업 속에 적용한다면 특수교육대상학생들을 자연스럽게 수업 속으로 참여시킬 수 있다. 통합학급을 운영하면서 특수교육대상학생을 수업에 참여시키기 위해 노력했던 점을 잠시 소개하고자 한다.

> **[특수교육대상학생 지도를 위한 교단일기]**
>
> 2017년 새로운 학교에 전입하게 되면서 5학년을 맡았던 때이다. 새학년 집중 준비기간을 하면서 반 배정표를 뽑게 되었고, 그 속에는 특수교육대상학생이 있었다. 비고에는 청각장애라고 되어 있어서 소리 전달을 어떻게 해야 하나 라고 고민을 하고 있을 때 특수교사가 찾아와 ○○ 학생에 대한 정보를 주기 시작했다.
>
> 특수교사가 제공한 정보를 학급경영록에 작성하고 ○○ 학생에 대한 정보를 수집하기 시작했다. 특수교사가 제공한 정보는 장애에 대한 정보였고, 전년도 담임교사와 같은 반 친구들의 실제 학급 생활 이야기도 도움이 되었다. 그 정보는 바로 ○○ 학생이 책을 좋아하지만 학생들과의 사교 관계가 아주 낮다는 것이었다.
>
> 나는 고민에 빠지기 시작했다. 이 학생과의 1년 생활을 어떻게 풀어나가야 하는 것인가?

책을 좋아하는 ○○학생은 수업시간 교과 수업에 집중하지 않고 교과서 밑에 보고 싶은 책을 놓고 몰래 읽고, 담임교사 시간이 아닌 교과전담시간에는 아예 '나 건들지 마세요' 하면서 책을 꺼내놓고 읽는 것이 습관이 되어 선생님 사이에서는 유명한 학생 이었다. 통합학급 담임교사로서는 이런 학생의 행동을 바로잡고 함께 수업을 할 수 있는 방안을 고민하지 않을 수가 없었다.

특수교육대상학생을 위한 통합학급 담임교사의 고민

- 수업에 참여시킬 방법이 무엇일까?
- 비장애 학생들은 ○○학생을 어떻게 생각하고 있는가?
- ○○학생이 좋아하는 것과 싫어하는 것은 무엇인가?
- ○○학생이 좋아하는 것을 수업에 어떻게 적용할 수 있을까?
- ○○학생을 티나지 않게 칭찬하고 격려할 수 있는 방법은 무엇일까?
- ○○학생을 학습 지원할 수 있는 또래 도우미에게 어떤 역할을 주어야 할까?
- ○○학생이 수업에 적극적으로 참여했을 때 우리 학급의 칭찬 구호는 어떻게 할까?

[특수교육대상학생 지도를 위한 교단일기]

○○ 학생은 책을 좋아한다. 학교 도서관에 있는 책을 거의 다 볼 정도로 독서의 영역이 방대하다. 이를 역으로 생각해보면 다양한 지식이 머릿속에 내재되어 있다는 것이다. 도덕 공개수업의 시간이었다. 수많은 교사들이 참여한 공개수업에서 ○○ 학생은 여전히 수업 시작하기 전까지 자신이 보고 있던 책을 책상 위에 놓고 열중하였다.

수업 시작을 알리면서 ○○ 학생에게 약속하였다.
'오늘 ○○이가 수업에 잘 참여할 것 같아. 왜냐하면 너가 지금 보는 책과 관련이 있는 내용이거든. 잘할 수 있지?'

영문을 모르는 ○○이는 자신도 모르게 '네 잘할 수 있어요'라고 공언을 하였고, 이는 40분 수업 내내 약속이 잘 지켜졌다.

수업의 성공을 이끈 것은 ○○이에 대한 관심과 수업 속 내용이 ○○이가 관심을 가지고 보던 책의 내용이었던 '우리 이웃'이어서 수업에 관한 관심과 흥미가 높았고, 자신의 주장을 내침 없이 펼쳐놓았다.

수업은 교사와 학생이 상호작용하는 배움의 과정이다. 통합학급 속에는 비장애 학생과 특수교육대상학생이 공존하고 있으며, 함께 배워나간다는 것을 특수교사와 통합학급 담임교사는 서로에게 주기적으로 인식시켜주었으면 한다. 지속적인 소통과 협력만이 통합교육으로 가는 통로가 될 것이다.

04. 통합의 장소를 달콤한 공간으로 만들자

통통통 이야기

특수교육대상학생이 '우리 반'으로 여기는 통합학급, 통합학급 학생이 '우리 반'으로 여기는 특수학급. 나와 내 친구가 모두 '한 반'이 되는 달콤한 통합현장을 만들어보자.

교사에게는 일터이자 학생들에게는 배움터인 교실은 학교에서 가장 많은 시간을 보내는 장소이자 통합교육의 장이다. 통합학급과 특수학급이 학급 구성원들에게 편안하고도 매력적인 공간이 되려면 기본적으로 준비되어야 할 부분들이 있다.

달콤한 특수학급 만들기

특수학급은 일반학급과 비교하여 책걸상의 개수가 적고 안전이나 이동 상의 이유로 가운데 공간을 확보하여 영역을 구성하는 경우가 많아 활동 시 공간의 제약을 상대적으로 덜 받는다. 이러한 구조와 환경을 잘 활용해서 통합학급 학생들을 초대했을 때 특수학급에서 할 수 있는 활동들을 준비하면 좋다.

유아 및 초등 저학년의 경우 김장 매트를 놀이 매트의 용도로 활용할 수 있는데, 정리하기 어려운 작은 자료들을 관리하기도 좋을뿐더러 분리된 공간을 마련함으로써 아이들에게 지금 내가 놀이하고 있는 이 공간이 특별한 영역이라는 느낌이 들게 한다. 활동에 따라 볼풀공, 편백 나무 조각, 황토볼, 수수깡, 플레이콘 등 매트 안에서 놀이할 수 있는 자료들을 꺼내주고 자유롭게 탐색하도록 할 수 있다.

매력적인 공간을 만들기 위해 평소 통합학급에 어떤 교구나 도서가 있는지 살펴보고 통합학급에는 없는 특수학급만의 자료들을 갖추는 것도 좋다. 예를 들어 림보 교구, 징검다리 교구와 같은 신체활동 교구들을 비롯하여 팝업북이나 사운드북과 같은 시청각자료와 색다른 도서들, 좀 더 실물과 비슷하거나 색감이 매력 있는 교구 등. 이렇게 만든 달콤한 공간은 편안하면서 매력적인 교실이 되어 통합학급 아이들이 특수학급에 오는 것을 즐겁고 설레는 시간으로 생각하게 한다.

> 달콤한 통합교육 현장을 만들기 위해서는 일반학생들로 하여금 특수학급을 매력적인 공간으로 느낄 수 있도록 하는 특수교사의 노력과 더불어 통합학급 담임교사의 인식의 전환이 필요하다.

> 특수학급의 이름이 '무지개반'이라고 하자. 만약 담임선생님이 **"자꾸 이러면 무지개반으로 보낼 겁니다"** 하고 말했을 때, 이 말을 들은 학생은 무지개반에 가는 것을 일종의 벌로 인식하게 될 수 있다.
>
> 그렇지만 통합이 잘 이루어지고 통합학급과 특수학급 각 교실이 편안하게 공유된 곳은 학생들이 무지개반에 오는 것을 좋아하고 재미있어하기에 **"점심 다 먹고 정리 잘하면 무지개반 가서 책 보고 올 수 있겠네~"** 하고 특수학급에 오는 시간을 상으로 줄 수 있다.
>
> 교사의 한 마디가, 학생에게는 큰 영향을 미친다. 통합학급 담임교사를 비롯한 일반교사가 특수학급을 어떤 곳으로 인식하고 안내하는지에 따라서 아이들의 태도도 달라질 수 있을 것이다.

달콤한 통합학급 만들기

내가 속해 있는 공간에 '내 자리가 존재한다'라는 것은 매우 중요하다. 통합학급에 배치된 완전통합학생의 경우에는 이런 일이 없겠지만 간혹 시간제 통합을 하는 특수교육대상학생의 사물함이나 신발장이 통합(원적)학급에 없는 경우가 있다.

특수교육대상학생들이 교실에 있는 많은 책상과 사물함 중 자기 자리를 인식하고, 착석하고, 정리 정돈하고, 또래와 함께 활동에 어떠한 형태로든 참여하는 것은 학교생활에서 필수적으로 배우고 누려야 할 부분이며 이 과정을 통해 특수교육대상학생은 통합교육환경에서 사회 적응의 연습기회와 경험을 갖게 되고 소속감을 느낀다.

이것은 일반학생에게도 '이 친구가 우리 반-이구나'라는 인식을 주기에 정말 중요하고 또 필요하다. 학급에 생일판이 있고 모둠이 있다면 그곳에는 필수적으로 특수교육대상학생의 이름도 함께 있어야 한다.

그런데 이 지극히 당연한 부분이 현장에서 의외로 당연하지 않게 되는 경우들이 있다. 통합학급 담임교사가 특수교육대상학생의 사물함은 특수학급에 있을 거란 생각에 혹은 특수교육대상학생이 통합학급의 사물함을 거의 쓰지 않아서, 그 필요성을 인식하지 못해 의도치 않게 미처 준비하지 못하거나 빠뜨릴 수 있기 때문이다.

달콤한 통합교실을 잘 준비하기 위해서 **학기 초 학급의 자리와 이름표, 모둠을 다 만들고 형성하기 전에 통합학급 담임교사와 특수교사가 신학기 학급운영을 함께 협의하며 자연스럽게 특수교육대상학생들의 책상과 사물함 등의 위치를 의논하여 정하는 것이 좋다.**

키가 또래보다 아주 작거나 근육이 경직되어 있거나 다소 산만하거나 소리에 민감하거나 하는 등의 신체적·행동적 특성이 있는 학생들은 자리 배치나 사물함의 위치가 중요하기 때문이다.

물론 신입생 혹은 학기 중 선정·배치된 특수교육대상학생의 경우에는 이러한 특성을 관찰하고 상담할 시간이 필요하다. 그래서 **통합학급 적응 기간이 필요한 것**이다. 드물게 통합학급 적응 기간을 운영하지 않는 교사들이 있다. 학기 초이기 때문에 일반학생들도 질서가 잡혀 있지 않고, 교사도 아이들을 파악하고 관리하는 데 어려움이 있기에 혹은 안전상의 이유 등으로 통합학급 담임교사가 부담을 느껴 '조금 더 있다가, 학기 초가 지난 후 통합을 시작하면 어떨까' 하고 말씀하시는 것이다.

특별한 경우 학생의 건강 상황을 포함한 개별 특성이나 보호자의 의견 등을 반영하여 교육공동체(통합교육운영협의위원회를 겸하는 개별화교육지원팀)의 협의를 통해 조정할 수 있겠으나, 학기 시작 후 '처음'에 해당하는 이 기간에 학생들이 원적학급에서 함께 생활하고 배움으로써 얻는 소속감과 인식의 변화는 생각 이상으로 큰 영향을 미친다.

이 적응 기간에는 학급의 규칙을 만들고 통합학급 담임교사도 일반학생들의 관찰 시간을 많이 갖게 되는데 이때 특수교육대상학생의 통합교육을 지원하는 특수교사나 지원인력도 특수교육대상학생만 관찰하는 것이 아니라 특수교육대상학생이 일반학생과 의사소통을 하며 보인 반응이나 언어, 행동 등의 상호작용에 대해 기억하고 기록해두었다가 관찰한 바를 통합학급 담임교사에게 나눠주면 서로에게 도움이 된다.

> ### 달콤한 공간의 문을 여는 키 '역지사지(易地思之)'
>
> 한 공간을 공유하며 함께 일을 하다 보면 당연히 크고 작은 갈등이 생길 수 있다. 사람들은 각자 자신의 목소리를 높이기 바쁘고 상대방의 처지가 되어 생각해보는 여유는 찾기 힘든 것이 사실이다.
>
> 이때, 잠깐의 시간을 내어 한 번만 상대방의 입장이 되어 생각해보면 어떨까? 입장을 바꿔 생각해보면 사실 '결코' 이해하지 못할 일은 드물다. 대부분의 갈등이 관계에서 시작되고 관계로 해소된다.

현장에서 협력을 해야하는 교육공동체 구성원들이 서로 역지사지(易地思之)의 자세를 발휘한다면 서로를 이해하고 타협할 수 있는 부분이 점점 많아질 것이고 이렇게 형성된 평화로운 분위기는 교실에도, 나아가 아이들에게도 더 밝고 좋은 에너지를 줄 수 있을 것이다.

05. 특수교사와 함께 만드는 통합학급 시간표

> **통통통 이야기**
>
> 학급에는 시간표가 존재한다. 통합학급은 시간표를 편성할 때 누구를 고려해야 할까? 바로 특수교육대상학생이다. 통합교육을 실현하기 위해서는 특수교사와 협의 과정을 통해 시간표 편성을 하는 것이 좋다.

교실은 교사와 학생이 함께 상호작용하는 소통의 공간이다. 이 공간을 교사는 하루 24시간 중 1/3을 보내는 삶의 터전이다. 그럼 우리 교실을 한번 둘러보자. 무엇이 보이는가?

책상, 칠판, 교사 책상, 텔레비전, 사물함, 시계, 게시판……

이런 것들은 학급에서 흔히 볼 수 있는 것이다. 그렇다면 학생들이 가장 관심을 두는 곳은 어디일까? 바로 게시판이다. 게시판에는 교과에서 학습한 산출물들이 게시되어 있으며, 학생들 간의 소통이 작용하는 공간이다. 이 소통의 공간에 교사가 학생들에게 제시하는 것들이 있다. 바로 소식지들이다. 소식지는 학교 각 부서별로 추진하는 교육활동을 학생들과 교사, 학부모님들에게 알리고자 하는 일종의 알리미 역할을 하고 있어 많은 정보를 제공하고 있다. 어떤 것들이 있을까?

월중 교육 활동, 보건소식지, 영양소식지, 정보소식지……

이중 학생들이 가장 좋아하는 소식지는 무엇일까? 영양소식지이다. 왜 가장 좋아하는 것일까 이유를 생각해보자. 이유는 간단하다. 학생들이 가장 기다리는 급식시간의 메뉴를 확인할 수 있기 때문이다. 우리 학생들을 생각해보자. 좋아하는 메뉴가 나오는 날이면 아침부터 급식시간이 다가오기를 기다리며, "선생님, 언제 밥 먹어요?"를 수십 번도 더 외친다. 바로 급식메뉴에 대한 기대치가 높다는 것이다.

그렇다면 영양소식지 다음으로 기대치가 높은 소식지는 과연 무엇일까? 흔히 시간표라고 불리는 주간학습안내이다. 주간학습안내는 주차별 교과 및 창의적 체험활동을 요일별 교육활동에 대한 학습의 내용을 안내하고, 사전 평가계획을 안내하여 학생이 가정에서 준비할 수 있도록 교육공동체에 안내되는 교육활동에 대한 알권리이다.

학부모는 주간학습안내를 통해 교실에서 이루어지는 교육활동을 알게 되고, 이에 따른 학습준비물과 평가를 사전에 점검하고 준비할 수 있다. 앞서 학생들이 영양소식지 다음으로 주간학습안내에 대한 기대치가 높다고 언급했는데 그 이유는 무엇일까? 바로 좋아하는 교과가 무슨 요일 몇 교시에 편성되었는지 알고 싶기 때문이다.

체육, 미술, 실과, 즐거운 생활, 음악.....

학생들마다 성향과 발달 특성에 따라 좋아하는 과목들이 다르지만, 대부분의 학생들이 선호 교과 1위는 체육이며 2위는 미술, 실과 순이다. 이는 주지 교과가 아니고 움직임 욕구가 높은 학생들의 욕구를 해소시켜 줄 수 있는 교과이기 때문이다. 이런 교과가 주간학습안내에 빠져 있다면 학생들은 담임교사를 원망하기도 한다.

그렇다면 특수교육대상학생이 소속된 통합학급에서는 주간학습안내의 교육활동 편성을 어떻게 해야 할까? 함께 고민하는 시간을 가져보자.

통합학급 시간표 둘러보기

학급의 시간표를 작성하기 위해서는 여러 가지 요소를 고려해야 한다. 교과전담교사, 예술교육 강사, 원어민 강사, 중국어 원어민 강사, 외부 강사 등 많은 점을 고려해야 기초 시간표를 작성할 수 있다. 이런 많은 요소는 학기 초에 고려하여 반별로 기초 시간표를 생성하게 되고 이를 기반으로 주차별 교육활동을 안내하는 주간학습안내가 편성된다.

초등학교의 예를 들어보자. 1~2학년의 담임교사의 경우는 크게 고려할 점이 적지만, 3~6학년의 담임교사의 경우에는 교과전담의 시간이 배정되기에 이 시간을 고려해야 한다. 교과전담교사들은 여러 학년을 담당하는 경우도 있고 하나의 학년을 담당하는 경우도 있다. 학교의 여건과 상황을 고려하여 배정되기 때문에 교과전담의 시간은 교과전담교사와 교무(연구)부장, 학년의 협의를 거쳐 시간표가 편성된다. 다시 말하면 교과전담시간은 특별한 상황(학교 공통교육활동, 현장체험학습, 외부 강사 교육 활동 시간 등)을 제외하고는 거의 고정적으로 시간이 운영된다는 것이다.

이렇게 교과전담시간과 외부 교육시간이 편성되면 담임교사는 나머지 교과 시간을 편성하게 된다. 2015 개정 교육과정에서 제시한 학년(군)별 시간 배당 기준에 의하여 교과별 시수를 배당하는 것이 일반적이다.

예를 들어, 교육과정 시간 배당 기준에 의거 연간 34주를 운영하기에 1학년의 경우 1년간 860시간을 운영한다고 가정하면 약 주당 25시간의 계산된다. 하지만 주5일제를 운영하는 학교에서는 190일 이상의 수업일수를 운영하여야 하기에 일반적으로 학교에서는 39~41주를 운영하게 된다. 이에 따라 시수를 편성하면 학년별로 주당 아래와 같이 운영하는 경우가 일반적이다.

[초등학교의 학년별 주당 시간 운영]

요일\학년	월	화	수	목	금	계
1학년	4	5	4	5	4	22
2학년	4	5	4	5	5	23
3학년	6	5	5	6	5	27
4학년	6	5	5	6	5	27
5학년	6	6	5	6	6	29
6학년	6	6	5	6	6	29

편성된 학년별 주당 시간 운영을 기준으로 교과별로 시간을 배정하게 된다. 교과별로 살펴보면 다음과 같다.

[초등학교의 학년당 교과별 주당 시간 산출]

교과\시수	학년군별 국가 기준 시수	학년별 학교 기준 시수	연간 기준 주	주당 평균 시수
국어	408	204	34	6
도덕	68	34	34	1
사회	204	102	34	3
수학	272	136	34	4
과학	204	102	34	3
실과	136	68	34	2
체육	204	102	34	3
음악	136	68	34	2
미술	136	68	34	2
영어	204	102	34	3
창의적 체험활동	204	102	34	3
주당 시간 운영 시수				32

이렇게 편성된 주당 시간 운영을 기준으로 교과별 시간을 배정하고 기초 시간표가 편성이 된다. 위의 표의 계산으로 본다면 주당 32시간이라는 교과 시간이 운영되어야 하지만 초등학교의 3~6학년의 경우는 6교시를 기준으로 수업을 운영하기에 교과 시간 편성의 조정이 필요하다. 이런 이유로 국어를 5시간 창의적 체험활동을 1시간으로 편성하고 창의적 체험활동을 집중운영 및 분산 운영의 방식으로 학사운영의 시기와 조정이 필요한 경우를 고려하여 탄력적으로 운영하기도 한다.

이렇게 편성된 일반적인 시간표를 편성하면 다음과 같은 기초 시간표가 편성되게 된다. 제일 먼저 학교에서 제공한 교과전담 시간표를 기준으로 아래와 같이 편성한다. 이 시간은 앞서 언급한 바와 같이 고정적으로 시간이 운영되기에 제일 먼저 편성하는 것이 일반적이다.

교과 전담 시간표

학년\요일	월	화	수	목	금
1					
2					
3	영어	체육		음악	
4	음악	체육		영어	
5		영어	체육		
6					

여기에 교과전담시간을 제외한 나머지 교과를 주당 평균 시수에 맞게 담임교사가 학급의 특성과 학생들의 발달단계를 고려하여 아래와 같은 시간표를 편성하게 된다.

교과 전담시간과 일반교과 시간표

학년\요일	월	화	수	목	금
1	국어	국어	국어	국어	과학
2	국어	수학	국어	수학	과학
3	영어	체육	수학	음악	미술
4	음악	체육	도덕	영어	미술
5	수학	영어	체육	과학	실과
6	사회	사회		창체	실과

이렇게 학급의 시간표가 완성되면 담임교사는 주간학습안내를 기초 시간표를 기준으로 편성하며, 주차별 학교 교육활동을 고려하여 고정적이 아닌 유동적으로 편성하고 학부모와 학생들에게 안내하게 된다.

이런 일반교실에 특수교육대상학생이 속해 있다면 통합학급의 교사는 시간표를 어떻게 편성해야 할까? 위의 시간표처럼 시간을 편성하면 되는 것일까?

통합학급 시간표 편성을 위한 협의 사항 점검하기

우리 학급에 특수교육대상학생이 속해 있으면 시간표 편성에 고려해야 할 사항이 한 가지 더 추가된다. 바로 특수학급의 시간표이다. 특수교육대상학생은 특수학급에서 수업을 받는 교과가 있다. 이를 사전에 특수교사에게 확인하고 협의를 거쳐 통합학급의 시간표에 반영하여야 한다.

왜냐하면, 통합학급에서 이루어지는 교과는 특수교육대상학생이 함께 수업을 받기 때문이다. 학기 시작 전 특수교사와 협의를 통해 특수교육대상학생이 수업을 받는 교과를 확인하고 요일별 수업시간을 조정하여야 한다. 이런 과정을 거치지 않고 일방적으로 서로 통보를 하다보면 학급 시간 운영에 있어 많은 오류를 범하게 된다.

통합학급 담임교사와 특수교사는 해당 교실에서 이루어지는 교육활동을 사전에 확인하여 시간표를 편성하도록 한다.

통합학급 담임교사가 통합학급 시간표 편성에 있어 확인해야 하는 사항
- 통합교육지원반에서 특수교육대상학생이 수업을 받는 교과 확인
- 특수교사가 운영하고자 하는 요일별 시간 운영 계획
- 특수교육대상학생이 좋아하는 교과
- 특수교육지원인력의 도움이 필요한 교과 시간
- 통합교육지원반의 교육활동시간(체험학습, 성교육 등)

특수교사가 통합교육지원반 시간표 편성에 있어 확인해야 하는 사항
- 통합학급의 교과전담 시간 운영 계획
- 통합학급의 주차별 학년 공통 교육활동(학년 특색교육, 학년 프로그램, 현장체험학습, 학교 공통 교육 활동 등)
- 특수교육대상학생이 좋아하는 교과 시간의 편성
- 특수교육지원인력 지원이 필요한 교과 시간

이런 점들을 고려하는 것은 당연하지만 통합학급 담임교사와 특수교사들이 간혹 놓쳐 감정이 상하게 되는 경우가 종종 발생한다. 이런 현상이 발생하게 되는 경우는 서로에 대한 소통의 부재이기도 하고 학교가 바쁘다 보니 간혹 놓치게 되는 경우가 대부분이다.

학교에서 종종 발생하게 되는 소통의 부재 현상 사례

통합학급 담임교사
- 주간학습에 통합교육지원반의 현장체험학습이 계획되었는데 확인하지 않아 학생을 찾거나 학부모에게 연락하는 경우
- 통합교육지원반에서 성교육 중인데 수업시간이 지났는데 학생이 돌아오지 않아 특수교사에게 연락하게 되는 경우
- 통합교육지원반의 교육활동이 이루어지고 있는데 확인을 하지 않아 학생을 보내지 않는 경우
- 통합학급에서 공통 교육활동시간인데 사전에 알리지 않아 특수교사가 학생을 찾게 되는 경우

특수교사
- 특수교육지원인력이 출근을 못하게 되었는데 통합학급으로 전달이 되지 않은 경우
- 통합학급에서 학년 및 학급 교육 활동을 확인하지 않아 특수교육대상학생을 찾는 경우
- 특수학급의 자체 교육 활동을 사전 안내했지만, 재확인하지 않아 통합학급에서 해당 학생을 보내지 않는 경우

특수교사와 협의를 통한 통합학급 시간표 만들기

시간표 편성이 간단한 것 같지만 복잡하고 고려해야 할 사항이 많다. 그만큼 교사들이 해야 할 것과 생각해야 할 요소들이 많다는 것을 암시한다. 앞서 살펴본 시간표 작성을 위해 고려해야 할 사항과 점검해야 할 점들을 고려하여 통합학급의 시간표를 편성해 보자.

지금까지 통합학급 담임교사가 특수교사와 함께 시간표를 만들어야 하는 이유를 살펴보았다. 학기가 시작되기 전 특수교사와 함께 통합학급 운영을 위한 협의를 거치고, 교육과정 운영의 파트너로 1년을 계획하여야 할 것이다.

학교라는 공간은 교사들의 교육활동으로 이루어지는 시계의 톱니바퀴와도 같다. 하나의 톱니바퀴가 부서지거나 멈춘다면 시계는 움직이지 않게 된다. 학교도 마찬가지이고 통합학급은 더욱 그러하다.

특수교사와 통합학급 담임교사는 유기적으로 움직여 하나의 톱니바퀴처럼 움직여야 한다. 이는 통합학급 학생들을 위한 것이기도 하다.

이후 보게 될 시간표 편성은 잘못 편성된 통합학급의 시간표 편성과 특수교사와 협의를 거쳐 편성된 올바른 통합학급 시간표 편성을 제시하였다. 무엇이 다른지 차이점을 비교해보라.

통합학급 담임교사입장에서 어느 시간표를 편성하고 운영해야 하는지, 특수교사와는 무엇을 협조해야 하는지를 보여주는 사례이다.

잘못 편성된 통합학급 운영 시간표

교과 전담 시간표

학년\요일	월	화	수	목	금
1					
2					
3	영어	체육		음악	
4	음악	체육		영어	
5		영어	체육		
6					

통합교육지원반 시간표

학년\요일	월	화	수	목	금
1	국어	국어			국어
2	수학	수학			국어
3			국어	수학	
4				국어	
5					
6					

특수교육대상학생을 고려하지 않은 시간표

학년\요일	월	화	수	목	금
1	미술	사회	과학	수학	수학
2	미술	과학	과학	사회	음악
3	영어	체육	국어	음악	국어
4	음악	체육	사회	영어	국어
5	실과	영어	체육	국어	사회
6	실과	국어		수학	창체

올바르게 편성된 통합학급 운영 시간표
교과 전담 시간표

학년\요일	월	화	수	목	금
1				음악	
2				영어	
3	영어	체육			
4	음악	체육			
5		영어	체육		
6					

통합교육지원반 시간표

학년\요일	월	화	수	목	금
1	국어	국어			국어
2	수학	수학			국어
3			국어	수학	
4				국어	
5					
6					

특수교육대상학생을 고려한 시간표

학년\요일	월	화	수	목	금
1	국어	국어	과학	음악	국어
2	수학	수학	과학	영어	국어
3	영어	체육	국어	수학	미술
4	음악	체육	체육	국어	미술
5	실과	영어	사회	과학	사회
6	실과	도덕		사회	창체

통합학급 담임교사가 특수교사와의 협의 과정을 거치지 않으면 위와 같은 시간표 편성의 오류를 범하게 된다.

잘못 편성된 시간표를 살펴보자. 통합학급 담임교사가 통합교육지원반의 시간표와 교과전담 시간표를 제공받아 통합학급의 시간표를 구성하였다. 무엇이 문제인가? 문제점을 발견하였는가?

문제점은 통합교육지원반의 시간표가 통합학급에 반영이 되지 않은 것이다. 특수교육대상학생이 통합교육지원반에서 월요일에 1교시 국어, 2교시 수학 수업을 받고 통합학급으로 돌아왔는데 통합학급에서는 월요일 1~2교시에 미술수업이 진행되었다. 그리고 목요일 3교시 음악, 4교시 영어의 교과전담 시간에 특수교육대상학생은 통합교육지원반에서 국어와 수학 수업을 하고 있었다.

통합학급에서는 특수교육대상학생의 학습권도 고려해야 한다.

통합학급을 운영하기 위해서는 여러 가지 고려할 점들이 많다. 그 중 특수교육대상학생이 통합교육지원반에서 어떤 수업을 받는지 사전에 특수교사와 협의가 이루어져야 하고 이런 점을 고려하여 통합학급의 기초 시간표를 편성한다면 즐겁고 행복한 교육 활동이 전개되고 참된 통합교육의 목적과 방향성을 추구하게 될 것이다.

이를 위해서는 통합학급 담임교사는 통합교육지원반의 주간학습안내를 특수교사는 통합학급의 주간학습안내를 서로 확인하고 게시판에 게시해야 각 교실에서 이루어지는 교육 활동을 이해할 수 있다.

06. 반가워! 통합교육은 처음이지?

> **통통통 이야기**
>
> 첫 발령을 받고 첫 담임을 맡게 되어 설레는 마음으로 학교에 출근했는데, 특수교육대상 학생과 개별 또는 그룹으로 수업을 하게 되는 경우가 생겼을 때 어떻게 해야 할까?

통합교육이란 인간의 다양성을 수용하고 각각의 가치를 인정하며 필요에 따라 지원하면서 모든 학생들과 가족들이 스스로의 선택에 따라 교육활동에 참여하는 것을 의미한다.

또한, 통합교육은 같은 장소에 배치하거나 같은 교수방법을 사용하거나 같은 교육과정을 적용하는 등의 교육적 배치나 방법론적 측면에서의 동일함만을 의미하는 것은 아니며, 근본적으로 동일한 소속감을 지니고 동등한 가치를 인정받으며 동등한 선택의 자유를 누릴 수 있는 것을 의미한다.

통합교육이 우리 반에 어떤 영향을 줄까요?

가장 큰 영향은 또래와의 접촉 부족으로 인한 부정적인 태도 형성을 방지하는 것이다. 또래들을 통해서 새로운 적응기술을 배우고 그러한 기술을 언제 어떻게 사용할 수 있는지를 모방을 통해서 배울 수 있다. 상호작용을 주도하는 또래를 통해 새로운 사회적 기술과 의사소통을 학습할 수도 있다. 부모님들에게는 또래들의 발달과정을 보면서 장애를 가진 자신의 자녀를 과잉보호하지 않고 적절한 행동발달을 알고 대할 수 있게 된다.

장애에 대한 좀 더 사실적이고 정확한 견해를 학습할 수 있는 기회를 갖고 자신과 다름이 틀림이 아니라는 것을 알고, 사람들에 대한 긍정적인 태도를 갖게 된다. 장애를 가진 가족들과 관계를 형성하면서 편견과 선입견을 가졌던 관점이 바뀌는 기회가 되고 가족들과 함께 지역사회에 참여할 수 있는 기회를 제공할 수 있다.

또한, 자녀에게 개별적인 차이와 그러한 차이를 수용하는 것에 대해서 가르칠 기회를 가질 수 있다.

이러한 장점들만 제공되면 얼마나 좋을까만은 실상은 그러지 못할 수도 있기에 교사의 노력이 중요하다고 생각된다. 어떻게 하면 더불어 잘사는 학급, 학교, 사회를 만들어 갈 수 있을지 함께 고민하고 나아가면 좋겠다.

통합교육 함께 실천해볼까요?

동일한 진단명을 받았다 하더라도 학생들 각각이 가지고 있는 능력, 선호하는 활동, 지체되어있는 발달영역이 다르므로 동일한 교육과정으로는 교육을 할 수 없다는 것은 다 알고 있을 것이다. 그래서 교육과정의 재구성을 통한 교육이 필요하다.

교육과정의 재구성

특수교육대상 학생을 수업에 참여를 증진하기 위해 교사는 하루 일과 중에서 수정이 필요한 내용을 결정한다. 각 활동마다 수정이 필요한지, 필요하다면 어떤 개별화된 지원이 필요한지 그 유형을 결정하게 된다. 특수교육대상학생이 학급에서 진행되는 활동에 최대한 참여하고 이를 통해 학습을 수행하도록 도와줄 수 있는 다양한 지원 방법을 아래와 같이 제시하였다.

수정	정의	전략
환경적 지원	참여와 학습을 촉진하기 위해서 물리적, 사회적, 시간적 환경을 수정함	· 물리적 환경의 변경 · 사회적 환경의 변경 · 시간적 환경의 변경
교재 수정	가능한 한 독립적인 참여를 촉진하기 위하여 교재를 수정함	· 교재나 교구를 최적의 위치에 배치 (예:높이) · 테이프나 벨크로 등을 사용한 교재수정 · 반응수정 · 교재를 크게 또는 밝게 제작
활동의 단순화	수행 단계의 수를 줄이거나 수행 단계를 작게 나눔으로서 복잡한 과제를 간단하게 함	· 작은 단계로 세분화 · 수행 단계의 수 줄이기 및 변경 · 성공하는 단계에서 종료
선호도 활동	특수한 도구나 설비를 제공하여 참여를 높여주기	· 좋아하는 장난감 들고 있기 · 좋아하는 활동 활용 · 좋아하는 사람 활용
적응 도구의 사용	특수한 도구나 설비를 제공하여 참여를 높여주기	· 특수한 장비 · 도구나 설비, 보조매체 · 참여할 수 있도록 특별한 도구 사용
교사의 지원	유아의 참여와 학습 지원을 위한 성인의 중재	· 시범 · 유아의 놀이에 참여 · 칭찬과 격려
또래의 지원	중요한 목표 행동의 학습을 도와주도록 또래를 활용함	· 시범 보이기 · 도우미 · 칭찬과 격려
눈에 보이지 않는 지원	하나의 활동 중에 장면적으로 발생하는 사건을 의도적으로 구성함	· 참여의 가능성을 높이는 일련의 차례 설정 · 교육과정 영역에서의 일련의 활동

특수교육대상학생과 1:1로 특수학급에서 수업을 진행하는 것이 아니라 공동의 수업 안에 개별화교육목표를 적용하여 활동을 재구성하여 목표를 이루도록 지원하는 것을 말하는 것이다.

기관 대 기관의 통합교육

특수학교의 경우 비장애학생들과 통합수업을 할 기회가 많지 않기에 학교 주변의 학교 또는 학급을 찾고 통합교육을 실시 할 수 있다. 특수교사가 단독적으로 진행할 수 있는 사안이 아니고 기관장들의 긴밀한 협조가 꼭 필요하다.

다른 기관과 통합교육을 하게 되었다면 가장 먼저 교사 간 협의회를 통해 통합교육의 횟수를 정하는 일일 것이다. 그 후 주 1회로 하는 것으로 결정이 되었다면 반 학생들을 소개하는 프로젝트를 만들어서 교환하는 것이 좋다. 기관에 대한 설명과 함께 특수 교육대상학생을 소개 할 때 장점과 행동특성을 알기 쉽고 긍정적인 용어로 서술해서 기록하도록 한다.

▪ **학교전경**

· 종로구 @@동에 위치한 만2세~5세 발달장애 유아가 다니는 유아특수학교입니다.
· 유아특수학교라는 이름이 조금은 낯선가요? 우리친구들이 다니는 어린이집과 똑같은 곳이라고 생각하면 됩니다.

▪ **@@학교에는 어떤 친구들이 다니나요?**

위의 인물들의 공통점을 아시나요? 세종대왕과 김대중 대통령, 헬렌켈러 역시 모두 장애를 가진 인물들입니다. "통합교육이란 우리와 다름이 아니라 다양성을 알아가는 것입니다."

기관소개의 예시

특수교육대상학생을 소개할 때는 가능한 잘 나온 사진을 사용하고 좋아하는 것과 어떻게 반응해 주어야 하는지에 대한 내용까지 구체적이지만 비장애학생들이 이해하기 쉬운 용어를 사용해서 기록하는 것이 좋다.

> **@@반 미소천사 윤** 지적장애(만5세)**
>
> - @@반의 미소천사 윤**!
> - **이는 눈을 마주치면 방긋 예쁜 미소를 지어준답니다.
> - **이는 장난감 자동차와 그네타기를 좋아해요.
> - 친구들에 대한 관심을 어깨나 손을 갑자기 잡아 당기는 것으로 표현할 수 있으니 놀라지 말고 '함께 놀자'라고 얘기해 주세요.

일반교사와 협의하여 특수교육대상학생과 비장애학생의 짝을 정하여 활동에 참여하도록 한다. 그룹별로 색깔로 이름을 정해 같은 색의 시트지로 이름표를 만들어 붙이면 학생들 간 이름을 부르기도 좋고 교사 및 지원교사가 팀 또한 한눈에 알 수 있어서 활동하기에 용이하다.

통합 조 편성표			
윤**	송**	정**	윤**
김○○	강**	최**	오**
#서#	임**	손**	박**
민@@	평**	윤**	한**
$한$	이**	서**	허**
장☆☆	장**	차**	문**
신♡♡	김**	정**	이**
성♣♣	이**	신**	임**
남♠♠	*승*	허*	정**

첫 수업은 특수교육기관에서 하는 것이 좋다. 특수교육대상학생의 경우 환경과 사람에 대해 낯설어할 수 있고 경우에 따라서는 텐트럼을 일으킬 수 있기 때문이다. 익숙한 공간에서 활동하는 경우 활동에 더 적극적으로 참여하며 즐겁게 참여할 수 있는 장점도 있다.

통합 프로그램 활동 계획서(예시)

활동	만나서 반가워요	활동일시	2018. 04. 19
활동 인원	@@학교 @@반 8명, 무@@어린이집 해*반 28명 지원교사 : @@학교(2), 특수교육실무사(2), 무@@어린이집(2)		
목표	1. 내 짝꿍을 찾아 서로 인사를 나눈다. 2. 짝과 함께 규칙을 지켜서 게임에 참여한다.		
재료	탬버린, 게임 활동 자료 (긴 막대, 돗자리, 탬버린, 반환점)		

	시간	내용	장소
본 활동 (동화 및 신체 활동)	10:40 ~ 11:00	< 인사 나누기 및 짝 소개하기 > 1. 인사하기 및 짝 소개 · 인사노래 배우기(나는 나무반 멋쟁이 ~) · 나무반 아동인사하기 · 나무반 아동과 짝인 친구가 나와서 인사한 후 함께 　들어가 자리에 앉는다. 2. 일과 안내 · 인사 및 짝 소개 ⇨ 게임: 만나서 반가워요 ⇨ 마무리활동 3. 화장실 사용 및 장소 이동하기 · 남자는 1층, 여자는 2층 화장실을 사용한다. · 하늘꿈동산으로 이동한다.	본교 2층 유희실
	11:00 ~ 11:10	< 이동하기 > · 하늘꿈동산으로 이동한다.	
	11:10 ~ 11:30	< 만나서 반가워요- 게임 > · 돗자리에 짝과 함께 앉는다. · 게임에 대한 설명을 듣는다. > · 짝과 함께 긴 막대를 잡고 출발선에 선다. > · 출발신호가 들리면 천천히 막대를 잡고 목표지점 > (고깔)을 향해 걸어간다. 막대를 함께 잡고 천천히 > 반환점을 돌아 도착점까지 걸어온다. > 유의사항) 빨리 들어오는 것이 중요한 것이 아니라 > 함께 걷는 것이 중요함을 강조한다. · 한 팀씩 나와 게임에 참가한다. (상품: @@음료) · 모두 모여 함께 사진을 찍는다.	본교 하늘꿈 동산 우천 시 본교 2층 유희실에 서 진행

시간		내용	장소
본 활동 (동화 및 신체 활동)	11:30 ~ 11:40	<마무리 활동> · 활동 시 재미있었던 점, 힘들었던 점을 이야기 나눈다. · 다음번에 만날 날짜와 장소를 소개한다. · 인사를 나눈다.	본교 하늘꿈동산 우천 시 본교 2층 유희실에서 진행
역할 분담	@@학교	▪ 인사 및 짝 소개: @@학교 박** ▪ 게임활동 진행: @@학교 이** ▪ 유희실: 짝꿍과 함께 앉을 수 있도록 대집단 자리 구성하기	
	무@@	▪ 무@@어린이집 아동 이동 및 안전관리: 명찰 채우기	
유의사항		▪ 신체 활동 시 넘어지지 않도록 안전사고 유의하기	
활동평가		나무반 유아들과 무@@어린이집 해*반 아이들의 첫 통합교육이 이루어짐. 역통합으로 이루어졌으며, 해*반 유아들이 나무반 유아들을 찾아와 함께 활동함. 하늘꿈동산에서 활동이 이루어졌으며, 팀 배정과 협동 놀이를 통해 서로 알아가는 시간이 되었음 해*반 유아들은 함께 막대를 잡고 나무반 아동들의 속도에 맞춰 천천히 걸어 반환점을 돌아올 수 있었음 나무반 친구들이 익숙한 장소에서 수업을 하여 환경의 변화에 의한 긴장감 없이 편안하게 수업에 참여함	
활동사진		 "다 같이 만세"　　"발 맞춰 걸어요"  "친구와 함께 걸어요"　　"오른발 왼발 하나 둘 하나 둘"  "준비 출발 ~"　　"친구와 노래불러요"	

다음 활동부터는 순통합으로 진행하면서 자유놀이시간, 바깥놀이 시간에 상호작용이 더 많이 나오므로 이 시간을 활용하는 것이 더 좋다.

처음이라 많은 것들이 낯설 수 있지만 도전하지 않으면 성취도 없다는 것을 기억하며 한 걸음 나아가는 독자들이 되길 응원한다.

07. 통합교육의 시작, 도전행동 이해하고 지원하기

> **통통통 이야기**
>
> 수업을 방해한다고 생각되는 특수교육대상학생의 행동들, 그 행동들에도 기능이 있음을 알고 무엇을 요구하는지 안다면 도전행동은 감소될 것이다. 함께 지원방법을 알아보도록 하자.

교실 한 켠이 소란해진다. 알아듣지 못할 큰 소리로 인해 나의 목소리는 점점 커져만 가고 그럴수록 더 큰 소리를 지르는 학생으로 인해 얼굴이 붉어진다. 그 소리로 인해 다른 학생들까지 소란스러워지는 이 상황에서 벗어나고 싶다.

통합교실에서 종종 이러한 사례가 생길 것이다. 도전행동에는 기능이 있고, 위의 사례와 같은 경우는 의사소통적 기능에 해당될 수 있다.

의사소통적 기능

- **관심 끌기**: 다른 사람의 관심을 얻으려는 목적의 행동으로 인사를 하거나 자기와 함께 있어달라고 요구하거나 자신을 브도록 하거나 자신에게 말을 걸어주기를 원하는 등의 기능을 가진다.
- **회피하기**: 특정 사람이나 활동 등을 피하기 위한 목적의 행동으로 "싫어요", "하기 싫어요." 등의 거부의 표현, 과제가 너무 어렵거나 쉽거나 지루하다는 표현, 쉬고 싶다는 표현이다.
- **획득 - 원하는 물건/활동 얻기**: 원하는 것을 얻기 위한 목적의 행동으로 특정 음식이나 음료수, 장난감 등의 물건을 얻거나 특정 활동을 하고자 하는 기능을 지니며,

때로는 원하는 물건을 잃게 되거나 원하는 활동을 종료될 때 물건을 잃지 않거나 활동을 지속하고자 하는 기능을 지니기도 한다.

감각적 기능

- **자기 - 조절** : 자신의 에너지(각성) 수준을 조절하기 위한 목적으로 손 흔들기, 손가락 두들기기, 물건 돌리기 등의 행동으로 나타나며, 상동 행동이나 자기-자극 행동으로 불리기도 한다. 반복적으로 손을 흔들기, 손가락을 문지르기, 몸을 흔들기, 문건 돌리기 등은 대개 자기 자극으로 해석한다.
- **놀이 또는 오락** : 단순히 하고 싶어서 하는 행동으로 특히 다른 할 일이 없는 경우에 나타나곤 한다. 자기-조절의 기능을 지닌 행동과 유사하게 반복적으로 돌리기나 던지기 등의 형태로 나타나지만 자기-조절과는 달리 완전히 몰입되는 경우가 많아 다른 활동이나 과제에 집중할 수 없게 만드는 차이가 있다.

> 도전행동이 여러 가지 형태로 나올 경우 파괴 행동, 방해 행동, 분산 행동 순으로 지원한다.

- **파괴 행동** : 학생 본인이나 주위 사람의 건강이나 생명을 해칠 수 있는 행동으로 최우선 순위에 속한다(예: 물기, 때리기, 눈 찌르기, 머리 흔들기, 긁기, 자르기, 아무거나 먹기).
- **방해 행동** : 학급, 학교, 지역사회에서의 일상생활 참여를 방해하고, 교실을 뛰어다니는 등의 학습을 방해하는 행동이다. 외향적인 행동뿐 아니라, 말하지 않기, 울기, 다른 사람을 밀어제치기 같은 행동도 이에 포함된다.
- **상동 행동** : 귀찮은 행동이지만 해가 되지 않는 행동이다(예: 공공장소에서 손을 계속 흔들기, 반향어 하기, 몸 흔들기, 책 찢기 등). 일반적으로 이런 행동들에 대해서는 중재를 계획하지 않으나 사회적, 의사소통적, 자기 조절적 행동 등의 대체적인 행동을 지도한다.

긍정적 행동 지원 전략(Q&A)

Q1 **교사의 지시를 따르지 않고, 아무것도 하지 않고 가만히 앉아있어요. 어떻게 지도하면 좋을까요?**

A 교실에서 아무것도 하지 않고 가만히 앉아있는 학생은 대체로 의욕이 없어 동기유발이 잘되지 않습니다. 또한, 자신만의 세계에 빠져 있거나 자기 자신이 받아들여지지 않는다고 느껴 만사를 거부하고 고집을 부리는 경우가 있을 수 있습니다. 이때에는 먼저 특수교육대상학생을 지속적으로 관찰하여 관심 있는 것을 발견하여 의사소통의 토대를 마련할 필요가 있습니다.

- 교사는 학생에게 지속적인 관심을 가지고 수시로 이름을 불러주면서 주의집중 시키고, 가까워지려고 노력해야 한다.
- 교사가 관심 있게 볼 수 있는 곳에 짝과 함께 앉힌다.
- 특수교육대상학생이 관심을 갖고 동기 유발할 수 있는 것을 파악한다.
- 특수교육대상학생이 관심을 보이는 과제를 주고 조금이라도 수행하면 칭찬한다.
- 과제수행에 관한 도움을 주어 과제 완성에 대한 성취감을 갖게 한다.

Q2 **활동시간에 자리에 앉지 않고 계속 돌아다니려 합니다. 어떻게 지도하면 좋을까요?**

A 특수교육대상학생이 계속 앉아있는 것을 너무 힘들어하면 잠시 뒤로 나와 있다가 다시 들어오게 합니다. 주의가 산만할 때 신체적(어깨 두드리기, 살짝 건드리기), 언어적(이름 불러주기, 진행 내용을 간단하게 설명해 주기)으로 촉진합니다. 점차적으로 착석 시간을 늘리며 꾸준히 지도합니다.

- 바닥에 눕거나 늘어지는 경우 의자에 앉도록 한다.
- 바람직한 행동에 대한 상황 그림이나 이야기를 동화책처럼 만들어 특수교육대상학생에게 수시로 보여줌으로써 바른 행동을 인식하도록 한다.
- 간단한 질문에 답하게 하거나 선호하는 표현 어휘를 사용하여 주의를 끌어 준다.

- 자리 이탈을 관찰. 측정하여 이탈할 시간대 전에 새 교구 가져다 놓기, 화장실 다녀오기 등 특수교육대상학생이 이동할 기회를 제공한다.

Q3 갑자기 큰 소리로 울 때는 어떻게 해야 하나요?

A 사람들은 누구나 이유 없이 울지는 않습니다. 뜻대로 되지 않는 일을 말로 설명할 수 없어 우리는 행동으로 표현하는 경우가 대부분입니다. 울 때는 울기 전에 어떤 일이 있었는지 또 울면 주변에서 그 특수교육대상학생에게 어떻게 해주는지를 지속적으로 관찰해서 우는 이유를 밝히는 것이 필요합니다.

- 우는 상황을 만들지 않는다(우는 행동을 유발시키는 요인 제거).
- 일반적으로 상황을 이해하기 어렵거나 자신의 의사를 전달하지 못해서 우는 경우에는 규칙적인 일과를 주고 일과표를 작성해주기. 상황의 변화에 대해 자세히 설명을 해주거나 상황을 알아채도록 표시를 해주도록 한다.
- 우는 행동이 의사전달이나 감정표현의 수단이라면, 자신의 의사를 표현하는 말이나 대체행동을 가르쳐주고 그렇게 할 때 강화한다 (예: 화났어요, 나가고 싶어요 등).
- 울 때는 지나치게 관심을 보이고 달래는 것 보다는 안정적인 분위기의 장소로 옮긴 후 진정하도록 한다. 이때, 특수교육대상학생을 혼자 두지 않도록 한다.
- 울음을 그치고 안정이 되었을 때 상황에 대해 차분히 설명해준다.

Q4 자해행동(손 물기, 자기 머리 때리기 등)을 할 때는 어떻게 해야 하나요?

A 자해행동은 일반적으로 과제가 하기 싫거나 어려울 때, 회피 반응으로 나타나거나 목적하는 바를 얻으려고 주의를 끌기 위해 하기도 합니다. 자해 행동을 할 때는 교사가 침착하게 대처하는 것이 가장 중요합니다. 특히, 다치거나 심한 손상을 입을 위험이 있는 행동은 감정변화가 없는 침착한 표정으로 신속하게 제지하는 것이 좋습니다. 교사가 특수교육대상학생의 행동에 당황하거나 흥분하면 그것이 특수교육대상학생들에게는 강화요소로 작용할 수 있습니다.

- 어렵거나 하기 싫은 과제의 회피 반응일 때
    * 쉬운 과제를 주거나 과제의 양을 줄여서 제공한다.
    * "쉬었다 할래요." 나 "이거 어려워요. 도와주세요." 등의 휴식이나 도움을 요청하는 말을 가르치거나 그림카드를 제시하도록 지도한다.
    * 학생들이 하고 싶어 하는 과제를 선택하도록 한다.
- 관심을 끌려고 자해행동이나 위협을 할 때
    * 자해행동이 나타나는 즉시 단호하게 제지해야 한다.
    * 관심을 유도하기 위한 목적의 행동이라면 정기적인 관심을 제공한다. 관심을 너무 자주 제공하는 것은 오히려 부정적으로 작용할 수 있으므로 도전행동이 발생하는 상황과 시기를 분석하여 관심을 받지 않고도 참을 수 있는 시간의 길이를 파악하여 계획된 관심을 제공한다.
    * 자해행동이 일어나는 상황을 관찰해 대신할 수 있는 말이나 행동을 가르친다.
    * 관심을 보여주는 일정한 시간을 교사가 계획하거나 또래 사이에 참여해 같이 활동하는 기회를 계획하여 교수한다.
    * 자해행동을 보다 완화된 대체행동으로 제시하여 교수한다. 때리는 행동 대신 손으로 누르거나 심호흡을 하거나 인형을 꼭 껴안는 등의 자신과 타인을 다치지 않는 행동으로 바꾸도록 교수한다.

Q5 **활동 전이를 어려워하고 하던 활동만을 고집하는 특수교육대상학생, 어떻게 지도할까요?**

A 주로 자폐성장애 학생들에게 보이는 증상으로, 평상시 자기가 익숙했던 것만 좋아하고 낯선 것은 거부합니다. 새로운 변화에 대한 학생들의 반응이 부정적인 경우, 반복적으로 몇 번 진행하면 점차 적응되어 거부의 정도가 약해집니다. 필요에 따라 약간의 융통성을 주어야 합니다.

- 활동 전이를 할 때마다 신호음이나 신호 노래를 들려주어 활동의 전이를 알린다.
- 개별적 접근을 통해 신호를 제공하거나, 신호 노래를 반복하여 들려주고 소리에 반응하게 한다.
- 활동에 참여하도록 특수교육대상학생이 좋아하는 또래학생이나

교사를 짝으로 선정하여 둘이 함께 모이도록 유도한다.
- 활동 참여를 거부하는 특수교육대상학생의 경우 모이는 시간임을 반복적으로 인식시키고, 활동에 참여하도록 안내한다.
- 심하게 울면서 거부할 경우 좋아하는 물건을 가지고 있게 하거나 혼자만의 공간에서 마음의 안정을 찾은 후 활동에 참여하도록 한다.

다양성을 인정하고 발걸음을 맞춘다면 시작하는 첫걸음이 힘들지 않을 것이다.

08.
학교 내부 사정을 보는 힘을 길러라!

> **통통통 이야기**
>
> 학교는 교사와 학생이 공식적으로 만남을 하는 장소인데 시간마다 하는 일이 다르고 만나는 시간도 정해져 있다. 학교경영의 배경과 흐름을 볼 수 있는 힘을 기르자!

공식적으로 교사가 학생을 만날 수 있는 시간은 얼마만큼인가요?

우리나라의 국가 수준 교육과정을 보면 누리교육과정(유치원), 공통 교육과정(초등학교 1학년~중학교 3학년), 선택 중심 교육과정(고등학교 1학년~3학년)으로 편성·운영되고 있다. 또한 연간수업일수은 190일을 기준으로 하고 학년군 및 교과(군)별 시간배당은 연간 34주를 기준으로 제시하고 있다.

<학교 급별 교육과정 편성·운영의 기준>

2. 초등학교

1) 편제

가) 초등학교 교육과정은 교과(군)와 창의적 체험활동으로 편성한다.

나) 교과(군)는 국어, 사회/도덕, 수학, 과학/실과, 체육, 예술(음악/미술), 영어로 한다. 다만, 1, 2학년의 교과는 국어, 수학, 바른 생활, 슬기로운 생활, 즐거운 생활로 한다.

다) 창의적 체험활동은 자율 활동, 동아리 활동, 봉사 활동, 진로 활동으로 한다. 다만, 1, 2학년은 체험 활동 중심의 '안전한 생활'을 포함하여 편성·운영한다.

— 2015 공통교육과정(초등학교) 총론 p8

2) 시간 배당 기준

<표 1>

구 분		1~2학년	3~4학년	5~6학년
교과(군)	국어	국어 448	408	408
	사회/도덕		272	272
	수학	수학 256	272	272
	과학/실과	바른 생활 128	204	340
	체육	슬기로운 생활 192	204	204
	예술(음악/미술)	즐거운 생활 384	272	272
	영어		136	204
소계		1,408	1,768	1,972
창의적 체험활동		336 안전한 생활 (64)	204	204
학년군별 총 수업 시간 수		1,744	1,972	2,176

① 이 표에서 1시간 수업은 40분을 원칙으로 하되, 기후 및 계절, 학생의 발달 정도, 학습 내용의 성격, 학교 실정 등을 고려하여 탄력적으로 편성·운영할 수 있다.
② 학년군 및 교과(군)별 시간 배당은 연간 34주를 기준으로 한 2년간의 기준 수업 시수를 나타낸 것이다.
③ 학년군별 총 수업 시간 수는 최소 수업 시수를 나타낸 것이다.
④ 실과의 수업 시간은 5~6학년 과학/실과의 수업 시수에만 포함된 것이다.

― 2015 공통교육과정(초등학교) 총론 p8

특수학급의 경우 원칙적으로는 현 학년군의 교육과정에 따라 해당 학년의 편제와 시수를 고려하여 운영하여야 한다. 그렇다면 특수교육대상학생들의 학년을 고려하여 편제와 수업시수를 확인하는 것은 통합학급을 이해하는 첫 단계이므로 시간 배당 기준표를 꼭 먼저 확인하자. 예를 들어 1-2학년군은 창의적 체험활동에서 안전한 생활이 336시간 중 64시간이 확보해야 함을 표에서 알 수 있다.

0000학년도 개별화교육계획

학생명	학년 반	생년 월일
정OO	O학년 O반	0000.00.00
시작일	0000. 0. 00.	종료일	0000. 0.00.

위 학생의 0000학년도 개별화교육계획을 다음과 같이 승인합니다.

확인	직위	개별화교육지원팀			결재		
		보호자	특수교사	담임교사	교무부장	교 감	교 장
	성명	000	000	000	000	000	000
서명	1학기				나이스 결재		
	2학기				나이스 결재		

OO초등학교 개별화교육지원팀

보통 개별화교육(지원)계획에 따라 학생의 장애정도와 특성, 교육적 요구에 따라 개별적 교육이 필요한 교과목과 교육적 지원사항을 특수교사, 통합학급 담임교사, 학부모, 그 외 관계자 (학교 관리자, 특수교육실무사, 교과전담교사, 보건교사 등)가 회의를 통하여 결정하면 특수학급에서 교육받게 된다.

이런 과정을 통해 특수교육대상학생의 교육계획이 정해졌다면 특수교사는 다음 단계를 준비하여야 한다. 먼저 학교 교육계획을 자세히 살펴본다. 여기에는 학교 교육활동 및 다양한 범교과학습활동이 제시되어있는데 학년마다 포함되는 내용이 다를 수 있다.

다음은 학교 교육활동을 월별로 소개한 자료이다. 어떤 활동들이 있을까? 함께 살펴보자.

12월	교육과정 평가회(차기년 교육과정 계획을 위한 기초자료)
1월~2월	졸업식, 겨울방학, 인사발령, 인수인계, 새학년 새학기 준비기간 각 학년·학급 교육과정(IEP포함) 작성, 신입생 맞이 입학식준비
3월	반편성 안내, 진단평가, 표준화검사, 학급 및 전교학생회 임원선출, 1학기 교육과정 설명회, 학생 및 학부모 상담, 1학년 입학조기 적응 교육
4월	과학의 날 행사, 장애이해교육, 친구 사랑 주간
5월	스포츠데이(체육대회), 어버이날 교육, 다문화 이해교육
6월	현장체험학습, 수학여행, 수련회, 생존수영, 통일교육
7월	1학기 교육과정 평가회, 여름방학
8월	2학기 교육과정 편성 및 개별화교육계획 확립
9월	학부모 공개수업, 2학기 교육과정 설명회
10월	현장체험학습, 수학여행, 수련회, 독도교육
11월	인성실천주간, 학예회, PAPS
그 외	세월호 관련 계기교육, 지역사랑교육, 인성교육 등

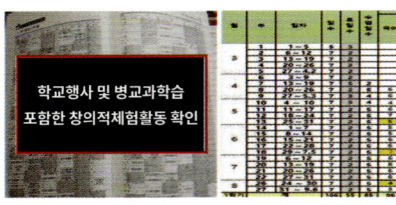

현 학년 교육과정의 편제와 시수를 확인하고 학생에게 적용되는 학교 교육활동 및 범교과학습활동을 파악하였다면 학급교육과정에 작성되어있는 교과 진도표를 확인하여야 한다.

왜냐하면 학년 혹은 학급 교육과정은 학교 교육활동 및 범교과학습활동을 운영하기 위해 특정 교과 시수에서 확보(교육과정 재구성을 근거로 함)할 수도 있기 때문이다. 이 때 확인할 것은 이 교육활동들이 개별화교육적용 교과와 관련이 있는지 알아보아야 한다. 만약 관련 있다면, 해당 교과시간에 학교 교육활동 및 범교과학습 관련 내용을 어떻게 진행하여야 할지 통합학급 담임교사와 함께 고민하여야 한다.

이렇게까지 해야 하는 교육적 배경은 무엇일까?
특수학급의 설치 목적에 있다. 특수교육 교육과정 총론에 의하면 특수학급의 설치 목적은 [성공적인 '통합교육을 위함]

이라고 명시되어 있다. 학교 교육계획-학급교육과정-개별화교육(지원)계획이 일관적인 계획과 일정으로 구성되어야 하는 것이다.

따라서 특수교사는 전반적 학교생활과 더불어 해당 특수교육대상학생이 속한 통합학급 교육활동에 대한 내부사정을 이해할 필요가 있다. 또한 통합학급 담임교사는 다양한 학년으로 구성되어 있는 특수학급의 상황을 고려하여 다양한 교육활동에 대한 운영방안을 조율해 나갈 필요가 있다. 앞으로는 특수교사와 통합학급 담임교사, 이 두 교사가 함께 협력해나가는 과정이 통합교육에서 더욱 더 중요하게 다루게 될 것이다.

해당 특수교육대상학생이 속한 학급교육과정을 확인하고 학교생활과 교육에 대한 정보를 얻어 교육과정에 적용하려면 최소 2월 초에는 당해 연도 학교 교육계획을 확보하고 1월 말부터 2월 초에 학년 또는 학급 교육과정을 참고하는 것이 좋다.

1월~2월	학교 교육계획/특수·통합학급 교육과정 수합 및 중요한 부분 교차 체크
3월	통합학급 적응기간 안내(학생관찰, 환경지원, 정보수집을 함) 개별화교육지원팀 회의(학기별 교육계획을 위함)
4월	장애인식개선교육(학교 전체교육활동_특수학급 수업 조정필요)
5월	성공적인 통합교육을 위한 티타임(협력교수, 도전행동 등에 대한 회의 및 특별 연수 가능)
6월	현장체험학습, 수학여행, 수련회 등 지원 및 협조(사전 안전교육 필수)
7월	1학기 개별화교육평가자료 통합학급 송부 여름방학 사전 필수교육 실시
8월	2학기 개별화교육계획을 위한 개별화교육지원팀 회의
9월	장애인식개선교육(학교 전체교육활동_특수학급 수업 조정필요)
10월	현장체험학습, 수학여행, 수련회 등 지원 및 협조(사전 안전교육 필수)
11월	학예회를 위한 지원 및 협조(인적·물적 환경지원, 연습 등)
12월	개별화교육평가자료 통합학급 송부(차기년 개별화교육계획을 위한 기초자료)

Chap.1 하나하나 씨앗이 되는

통합상식
Dessert
Time 1

자폐 및 정서행동장애

과잉행동에 고민하고 납득하기 어려운 감정폭발에 놀라본 경험은 누구나 있다. 장애와 비장애를 막론하고 현장의 교사들을 힘들게 하는 행동에는 심리-신체적 이유가 있다. 원인을 알고 나면 답을 찾기 쉬워질 것이다.

교실 한 켠이 소란해진다. 아이들이 웅성대더니 이내 '쿵'하고 책상이 넘어진다. 교사인 우리들도 어린 시절에 지나온 그 길이다. 세상이 이해되지 않고 친구들의 즐거운 잡담소리도 괜히 싫었다. 무턱대고 짜증을 쏟아냈던 나의 어머니에게는 왜 그랬나 싶을 만큼 후회가 되기도 한다.

사실, 전혀 이유도 없을 것 같던 그 짜증들이 불쑥불쑥 내 마음을 마구 흔들었었다.

과잉행동이라 부르기도 하는 이 행동은 지나치게 주의 산만한 비장애학생들의 모습에서 나타나기도 하고 통합학급의 장애학생에게서 관찰되기도 한다.

우리는 몰랐지만, 사춘기, 중2병, 문제행동, 도전행동 등으로 다양하게 불리던 그 현상의 기저에는 합당한 이유가 있다. 이 시간에 살펴보면 아~~ 하며 고개를 끄덕이게 될 것이다.

통합교실에서 소통이 어려운 자폐성 경향을 보이는 학생들을 만나기도 한다. 더불어, 장애학생이 아니더라도 비장애학생이나 중 2병 시절을 지나고 있는 우리 자녀들도 왜 그런 것인지, 영화 속 주인공과 함께 알아보자.

영화 속 자폐성 장애 **말아톤** (2005)

자폐성장애 아들과 어머니의 인생이야기
(주연 : 조승우, 해외영화부문 남우주연상)

이 영화의 주인공은 소위, 경계선급 자폐성장애이다.
초원이라고 불리는 주인공을 연기한 조승우배우는 정말 잘 관찰하여 연기했고 실제 장애의 특성을 잘 표현했었다. 전공자인 나로서는 참 대단하다는 생각이 들었었다.

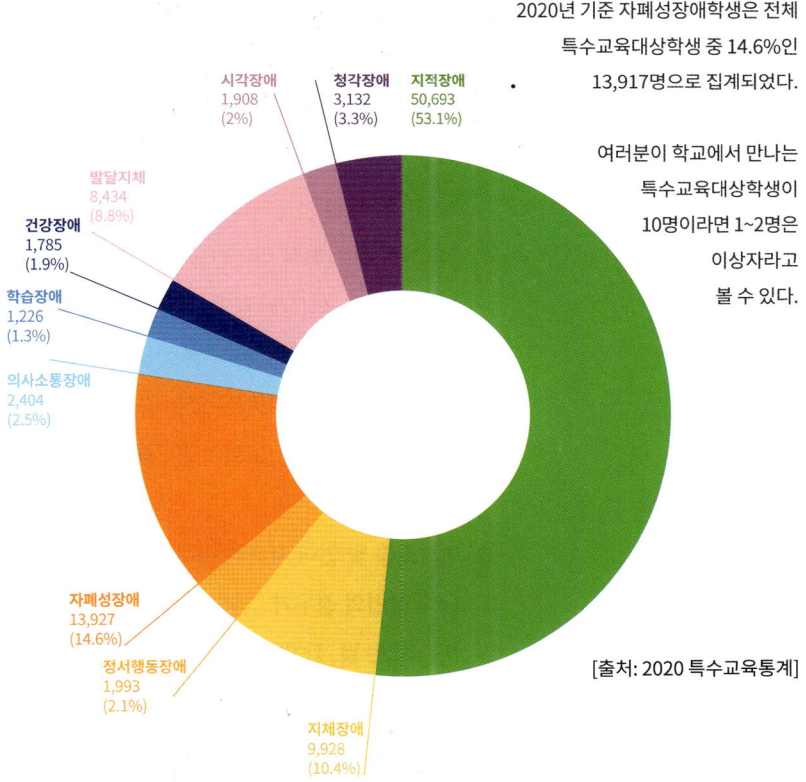

2020년 기준 자폐성장애학생은 전체 특수교육대상학생 중 14.6%인 13,917명으로 집계되었다.

여러분이 학교에서 만나는 특수교육대상학생이 10명이라면 1~2명은 이상자라고 볼 수 있다.

[출처: 2020 특수교육통계]

1) 자폐범주성장애 (Autism Spectrum Disorder, ASD)

자폐(自閉)는 스스로 자(自)에 닫을 폐(閉)를 사용한다. 외부와의 소통에 대하여 스스로 문을 닫은 것처럼 보인다는 뜻을 담고 있다.

● **출현율** : 소아 1000명당 1명 정도로 주로 36개월 이전에 나타나며 여아보다 남아에서 3~5배 많이 발생되는 것으로 보고됨

● **원인** : 1. 선천적 요인 : 각종 감염이 태아의 뇌를 손상시킨 경우
　　　　 2. 생화학적 요인 : 세로토닌, 도파민 등 신경전달물질 및 호르몬 이상과 관련
　　　　 3. 유전적 요인 : ASD아동의 형제자매들이 자폐성장애가 생길 가능성은 일반인보다 50배가량 높은 것으로 보고되고 있다.
　　　　 4. 뇌 구조 및 기능 이상 : 뇌의 세부구조 중 해마, 편도체 등의 이상

● **자폐범주성장애의 주요 증상**

얼룩말을 좋아하던 초원이가 얼룩무늬 치마를 입은 여자를 만지는 사건이 일어난다.

1. 사회적 관계를 만들거나 유지하는 데 어려움이 있다.
　・유아기 때 사회적 미소반응이 거의 없음.
　・사람보다 사물(장난감 등)에 관심이 많음.
　・부모에 대한 애착 행동이 별로 없음.
　・이별 불안이나 낯가림은 없는 경우가 많음.
　・매우 큰 기쁨, 분노, 고통의 경우를 제외하고는 얼굴에 감정 표현이 거의 없음.

2. 의사소통 및 언어 사용에 어려움이 있다.
아래 장면의 경우가 그렇다.
비가 오는 날, 집 앞에서의 장면이다.

비가 오는 날, 초원이의 엄마는 아들의 손목을 잡고, "하늘에서 비가 와요, 주룩주룩 비가 내려요." 라고 말하라고 한다.
하지만, 초원이는 엄마와의 눈맞춤도 없고 비를 맞으며 멍하게 서 있을 뿐이다.

　・유아기 때 옹알이를 하지 않음.
　・반향언어 : 메아리처럼 들은 말(단어)을 따라 함.

예를 들어, 3~4회 이름을 불렀는데도 반응이 없다가 답답한 마음에 교사나 부모님이 하이 톤(High-tone)으로 부르면 쳐다보거나 대답하는 경우가 있다. 이것은 이름보다는 변화된 '피치'에 반응하는 것으로 보기도 한다. 즉, 자신의 이름과 사회적 관계에 별로 관심이 없는 경우이다.

다시 영화로 돌아와서 아래 장면을 보자.

동물원에서 엄마가 자신을 잃어버렸던 기억을 해내고, 스트레스 상황에서 상동행동을 보이고 있다.
곁에서 지켜보는 엄마는 눈물짓고 있다.

> **TIP. 상동행동**(常同 行動) stereotyped behavior
> 의자에 앉아 상체를 앞뒤로 크게 흔들거나, 손을 상하로 흔들거나, 방 안에서 쉬지 않고 왕복을 되풀이하는 등의 주위의 상황에 상관없이 동일 행위를 반복하는 것

3. 적절한 행동에서의 어려움이 있다.

- 상동행동을 보임.
- 발가락 끝으로 걷거나 몸을 흔듦.
- 변화를 거부하고 패턴을 고집하거나 주제에 집착함.
- 머리카락을 뽑거나 부딪히는 자해행동을 보임.
- 매우 과격한 텐트럼(발작)을 보임.

전조증상이라고 부르는 행동이나 신호가 나타나면, 태풍이 오기 전에는 바람이 강하게 불거나 새들이 낮게 난다고 한다. 이처럼 특징적인 전조증상을 인지하고 미리 대처하거나 다른 방향으로 우회시키는 것도 좋다.

예를 들어, 교실의 전등 스위치에 집착하고 한번 끄고 다시 켜는 버릇이 있는 경우, 교사가 이를 무조건 금지했을 때, "으음음..음음"하는 낮은 신음소리를 내다가 참지 못하고 탠트럼이 발현되어 딱딱한 바닥에 누워 몸부림치는 경우가 있다면, 이는 신체적 사고의 위험도 있으며 바람직한 교육적 조치도 아니다. 상담을 통해 점차로 줄여가는 약속을 하거나 반짝이는 다른 교재를 켜고 끄는 등의 대체행동으로 우회시키고 적정 행동으로 교육하도록 해야 한다.

장애를 가진 특수교육대상학생이 아니더라도, 정서적 문제를 보이는 학생이나 자녀와의 상황에 힘이 들기도 한다.

그 원인을 알면 이해에 도움이 된다.

사춘기, 질풍노도의 시기라고 부르는 시기에는 다 이유가 있다.

크게는 세 가지 이유를 들 수 있다.

1. 우리의 뇌는 성장기, 특히, 만 15세를 전후로 대대적인 가지치기에 들어간다.

음악활동을 자주 접했다면, 음악과 관련된 뇌신경의 잔가지는 살아남는다. 스스로 '음악기능을 자주 사용할 모양이군.'하고 가위로 자르지 않는다.

반대로 글 읽기 활동이 너무 적다면, '이 친구는 전혀 글을 읽거나 언어적 정보를 처리할 생각이 없군.'하고 판단되면 스스로 안 쓰는 신경으로 생각하고 가지치기 대상으로 잘라 버린다.

정서적 경험과 관리의 습관이 이미 길들여져 있다면 마찬가지로 자기관리 기술이 더 신장되고 능숙해지는 시기로 볼 수 있다는 것이다.

2. 전두엽의 발달이 뇌의 성장속도를 따라가기 어려운 시기이다.

머리 위에 손을 얹어보자. 그 곳을 두정엽이라 부른다. 귀 옆에 손을 대면 그 곳이 측두엽이고 뒤통수라고 부르는 곳에는 후두엽이 위치하고 있다. 뇌가 여러가지 기능을 하고 있다는 것과 구역별로 그 능력과 기능이 다르다는 것은 세세히는 아니더라도 우리도 어느 정도 인지하고 있다.

그 모든 것을 교차로의 경찰마냥 통제하고 지휘하는 곳이 전두엽 즉, 이마의 안쪽이다. 폭발적 성장과 가지치기의 시기에 지휘자의 성장속도와 컨디션 차이로 통제선을 벗어나면 카오스 상황에 빠지게 되는 것이다.

사춘기는 뇌의 총지휘자인 전두엽이 뇌의 각 영역을 통제하는 능력이 잠시 흔들리는 시기이다.

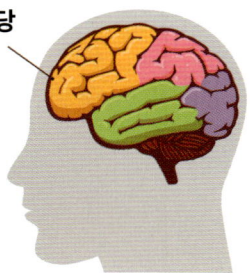

통제담당
전두엽

애들이 말을 안들어서 너무 힘들어…

3. 시상과 편도체의 과민반응이 일어난다.

시상은 감각을 편도체는 감정기억과 분노, 공포를 해마는 인지적 기억을 담당한다.

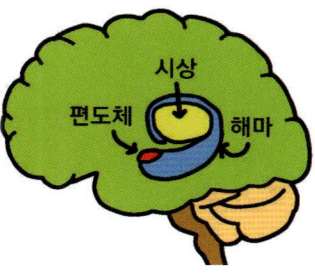

종합선물세트를 만나면 반갑다. 그런데 **종합문제 세트를 선물받는다면?**

그야말로 문제상황이다.

시상은 감각을 담당한다. 시상은 주변의 온갖 감각을 다 느끼고 대뇌에 전달하는 역할을 하는데, 만 15세 전후의 시기에는 정말 예민해진다.

소머즈가 된 것처럼 평소에는 별 것 아닌 소리도 불편할 만큼 크게 느끼고 난로의 온기를 겨울왕국의 눈사람 울라프처럼 녹아버릴 듯한 뜨거움으로 느껴진다면 어떨까?

게다가 같은 대뇌변연계 패밀리인 편도체까지 극성이다.

아몬드처럼 생긴, 겨우 2cm크기의 편도체까지 툭 하면 요란을 떨기 시작하는 것이다. 원래 편도체는 위험한 상황을 경고하고 우리 몸을 보호하는 역할을 한다.

공포상황을 기억하고 대뇌에 "큰일났어, 큰일났다구!"라고 경보를 울리는 역할을 하고, 사냥으로 살아가던 초기 인류가 맹수를 피하고 천적으로부터 몸을 숨기는데 기여하며 오랫동안 자리를 차지해왔다. 지금도 마찬가지로 필수적인 역할이지만, 사춘기의 시기에는 지나칠 정도로 과민해져 있다고 볼 수 있다. 적당한 공포나 분노가 아닌 아무것도 아닌 일도 공포와 분노의 기억으로 연결하고 치환해버리는 것이다.

사춘기에는 시상은 감각적으로 예민하게 반응하고 편도체는 공포와 분노에 민감해져 있다.

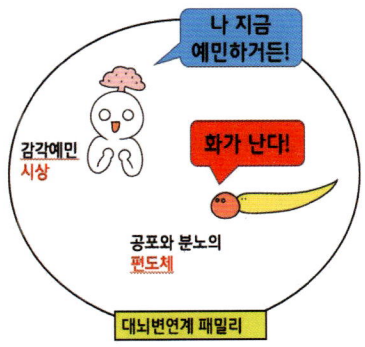

이렇게 중 2병이라 불리는 사춘기에는 비장애학생도 위에 언급한 문제들로 지도하는데

어려움이 겪게 된다. 게다가 특수교육대상학생 중 장애로 인해 이 시기를 지나면 괜찮아져야 하는 위의 문제들이 끝없이 이어진다면 우리는 어떻게 대처할 것인가?

이런 자녀를 양육하며 살고 있는 학부모들은 언제나 힘든 상황이다. 가까이서 지도하는 특수교사들도 비슷한 문제와 동행하는 삶을 살고 있다.

영화로 돌아가보면, 초원이와 동물원에 갔던 엄마는 벤치에서 다른 곳으로 주의가 뺏겨 슬금슬금 일어서는 초원이의 손을 놓아버린다.

부모들은 병원비 등의 경제적 문제와 외출 시에 만나게 되는 사회의 시선, 그리고 개인시간과 직장을 포기해야 하는 상황 등에 언제나 노출되어 있다.

동물에 관심을 뺏겨 엄마 곁에서 멀어지는 초원이의 손을 잠시 놓아버리는 순간, 이 엄마의 마음은 누가 완전히 이해할 수 있을까.

예능프로에서 정신과의사가 나와서 정신과 약물의 중독성에 대한 의견을 내는 것을 보았다. 이미 알고 있었지만, 시청률 높은 방송에서 다시 소개되는게 내 입장에서는 반가웠다. 대개의 약물은 술보다도 중독성이 적다고 한다.
항도파민 약물은 과잉행동이나 충동적 행동을 조절하며 세로토닌 흡수 차단제는 강박증상과 분노 등의 정서적 문제를 감소시켜 준다. 중추신경 활성제는 집중력을 증진해주는 효과도 보인다.
통합교육을 하는 교사들은 이러한 교육적 정보를 상식처럼 기억해 두어도 좋을 듯 하다.
'아는 게 힘이다.' 라는 구절이 있다.
그 힘은 통합교육의 다양한 상황들과 동행하다 보면 어느 순간, 먹구름 사이로 뻗어나오는 한 줄기 햇빛처럼 다가와 답을 제시할 수도 있을 것이다.

Chap. 2

함께 그리는 스케치

● 통합 교육으로 통하는 통로

통합교육으로 통하는 통로 마주하기

특수교육지원센터에서는 완전통합된 특수교육대상학생들을 위해 순회교육을 실시하고 있습니다.

통통통쌤이 알려주는 통합교육으로 통하는 정보

언제든 특수교육지원센터의 문을 두드리자!
특수교육법 제11조(특수교육지원센터의 설치·운영)에 의하면 특수교육대상자의 조기발견, 특수교육대상자의 진단·평가, 정보관리, 특수교육 연수, 교수·학습활동의 지원, 특수교육 관련서비스 지원, 순회교육 등을 담당한다고 명시되어 있다.

특수교육대상학생으로 선정받고 싶다면?

우선 소속 교육지원청 내 특수교육지원센터의 진단평가를 받아야 한다. 진단평가 신청 시기는 특수교육운영위원회 개최 전 각 학교로 공문이 발송된다. 진단평가는 특수교육지원센터 소속 특수교사가 장애 유형에 적합한 진단 도구를 사용하여 1:1로 실시한다. 이렇게 진행된 진단평가 결과를 특수교육운영위원회에 상정하여 심의를 받게 되는데, 최종 선정 여부는 여기서 결정되므로 특수교육운영위원회 개최 일정을 확인해 보는 것이 좋다. 또한, 일전 확인 시 상급학교 진학배치가 언제 이루어지는지 미리 체크해 두면 도움이 된다.

보조공학기기가 필요하다면?

특수교육지원센터에서는 특수교육대상학생에게 필요한 보조공학가기를 대여해 주는 역할도 한다. 각 시도 내 특수교육지원센터가 네트워크로 형성되어 있어 다양한 보조공학기기를 공유하고 있다.

개별화교육계획 수립이 어렵다면?

특수학급이 미설치된 일반학교에 완전통합된 특수교육대상학생도 개별화교육계획을 수립하여야 한다(특수교육법 제22조). 이럴 때는 특수교육지원센터에서 순회교육을 담당하는 교사와 협의하여 진행하도록 한다. 만약, 순회교사가 배정되어 있지 않다면 특수교육지원센터에 도움을 청하거나 **국립특수교육원-NISE발간문-교육과정보고서의 '개별화교육 운영가이드 북'**을 참고하면 도움이 된다. 만약, 중고등학교 장애학생 평가에 어려움이 있다면 국립특수교육원-공지사항의 **'2021학년도 중고등학교 장애학생 교과학습발달상황 평가 도움 자료'**도 참고하기 바란다.

01. 통합학급에서 긍정적 행동 지원 실천하기

> **통통통 이야기**
>
> 장애인과 비장애인이 함께 교육의 현장에서 생활하고 있다. 각자 다른 의사소통의 방법으로 나타나는 행동들에 대한 이해와 사회적, 환경적, 문화적 배격에 적합한 중재를 고안해서 적용해 보자.

긍정적행동지원을 어떻게 실행해야 할까요?

장애인과 비장애인이 함께 생활하고 있는 학교교육환경과 공간에서 행동에 대한 새로운 접근방식 "예방적 차원"의 공간으로 구성하고, 긍정적인 학교 문화를 형성하는 것이 "긍정적행동지원"이다.[2]

긍정적인 분위기 형성

그림에서 보이는 단어들이 키워드이다. 이 단어를 기억하면서 우리가 속해 있는, 통합교육을 실천하고 있는 학교가 더 행복하고 기쁨이 넘치고 가고 싶은 공간이 되도록 함께 만들어 가도록 하자!

> 목적이 없는 자는,
> 길을 잃는 것과 같다.
> 일생 동안 같은 원을 맴돌 뿐이다.
> — 크리스티안 모르겐슈테른 —

---

2) 특수교사, 수업을 요리하다! 설계편 p76 (2020, 교육과학사) 인용.

우리가 매일 출근해서 다니는 학교에, 작게는 내가 맡고 있는 학급 또는 부서에 목적이 없고, 목표가 없다면 어떻게 될까? 다람쥐가 쳇바퀴 돌 듯 매일 그냥 반복되는 재미없는 일상이 되지 않을까? 독자들의 과거를 돌아보면 목표와 목적을 가지고 그것들을 성취하기 위해 열심을 내고 노력하여 일을 이루어 나가 말할 수 없는 성취감을 느낀 경우가 있을 것이다.

긍정적인 분위기 형성은 인권 친화적인 학교와 학급 문화를 형성하는 것을 말한다. 연수를 통해 **가치관을 공유**하고 **공통의 DNA를 가지고** 서로를 바라보는 것이 아니라, **하나의 목표점을 향해 나아가는 것**이다. 크게는 학교 구성원들과의 긍정적인 관계 형성을 의미하고 작게는 학급구성원, 학부모와 나, 학생과 나의 관계가 긍정적으로 형성되는 것을 이야기한다. 모든 관계들이 긍정적으로 형성되기 위해서는 서로 다름이 틀림이 아님을 기억하고, "왜"라는 물음보다 "어떻게"라는 해결방안에 더 초점을 두고 나아가는 분위기를 형성해보도록 하자!

예방적 환경

목표가 정해지면 이를 시각화하는 것이 좋다. 학생들이 규칙을 지켜야 하는 장소에 부착하여 잘 보고 규칙을 수행할 수 있는 환경을 만들어 놓도록 한다. 학교 내 장소별로 학생들이 지켜야 할 규칙들을 게시하도록 하자.3)

예측 가능한 일과 순서표　　　　예측 가능한 활동 선택판

이를 위해 하루일과를 계획할 때 시각자료로 제시하여 다음 활동이 어떤 활동인지 알 수 있고, 집으로 돌아가야 하는 시간에 대해 명확히 알 수 있도록 구성해보자. 활동 또한, 학생 자신이 원하는 활동을 찾고 활동을 계획할 수 있도록 사진과 같은 활동 계획판을 만들어 활용하면 좋다.

---

3) 특수교사, 수업을 요리하다! 설계편 p72 (2020, 교육과학사) 인용.

예를 들어 [제자리에 정리해요]가 목표라면, [제자리에 정리해요] 규칙판과 함께 특수교육대상학생의 사진과 이름이 있는 이름표를 제작하여 신발장과 사물함 등 필요한 장소에 부착해 놓고 규칙을 잘 수행하도록 환경을 구성하는 것이 point라고 말할 수 있다.

학생의 의자에도 동일하게 부착해 놓으면 자신의 자리를 잘 찾아 앉을 수 있고 그림 변별, 문자 변별 등 개별화교육목표를 세우고 평가까지 할 수 있는 일석삼조의 효과를 얻을 수 있다.

예방적환경에서 잊지 말아야 할 환경 중 하나는 바로 [나만의 공간]을 마련해주는 것이다.

누구나 힘들고 지칠 때, 쉼을 주는 공간이 있을 것이다. 사람들이 많은 공간일지라고 한쪽 구석에 앉아 창밖을 보면서 쉼을 누릴 수 있고 우산과 같은 작은 공간이지만 혼자만의 시간을 누릴 수 있는 나만의 공간이 있다면 그곳에서 쉼을 누릴 수도 있다. 내 방, 강아지와의 산책길, 계단참 등 우리에게 쉼과 힐링을 주는 공간은 각자 다르고 또 다양하다. 그 다양성을 존중하면서 학생들이 쉼을 누릴 수 있는 공간을 교실 내, 또는 학교 내에 만들어보자.

회복이 되는 공간 　　　　쉼을 주는 공간

기대행동의 유목화와 시각화

공동의 목표를 이루기 위해 지켜야 할 약속이 바로 기대행동이라 할 수 있다. 우리가 가르치는 학생들이 꼭 지켜야 할 약속을 2~3개 정도 정해보자.[4] 예를 들어 [스스로, 예의 바르게, 안전하게]를 슬로건으로 두고 하위 목표를 정한다면

---

4) 특수교사, 수업을 요리하다! 설계편(2020, 교육과학사)에 더 자세한 설명이 되어있으니 참고하길 바란다.

스스로 — 자기물건 챙기기
예의 바르게 — 바르게 인사하기
안전하게 — 차례지켜 이동하기

이렇게 실현 가능하고 쉬운 용어로 기대행동을 서술하면 된다.

기대행동을 서술한 후 캐릭터를 이용해 기대행동을 시각화할 수 있다. 캐릭터 개발이 어렵다면 손 그림으로 그려도 되고 학생들이 좋아하는 동물이나 만화 등으로 만들어 사용해도 무방하다.5)

자기물건 챙기기   바르게 인사하기   차례지켜 이동하기

기대행동을 시각화했다면 이제 함께 가르쳐보도록 하자. 학생들과 함께 기대되는 행동이 무엇인지 확인한 후 교사가 직접 시범을 보여 바람직한 행동에 대해 이야기를 나누도록 한다. 학생과 교사가 함께 충분히 연습을 하고 실제상황에서 칭찬과 격려를 통해 강화하도록 한다. 가장 중요한 것은 일반화이다. 다양한 장소와 사람들에게도 같은 기대행동이 나오도록 가정과 학생이 속한 지역사회와 긴밀한 연계를 통해 지도하는 것이 중요하다.

통합학급과 함께 하는 사회정서 기술 교수

보편적 지원을 받았음에도 학업기술의 부족이나 적절하지 않는 행동을 지속적으로 보이는 특수교육대상학생을 대상으로 하는 2차 지원을 소집단지원이라고 말하고 사회정서기술을 교수한다.

사회정서기술에 대해 학자들의 견해는 다음과 같다.

**한 개인이 다른 사람과 효과적으로 상호작용하고
부정적인 사회적 상호작용에서 벗어나게 하며
사회적으로 수용 가능한 학습된 행동**

— Gresham&Eliiot, 1990 —

---

5) 특수교사, 수업을 요리하다! 설계편 p71 (2020, 교육과학사) 인용

학교생활과 관련된 사회성기술이란
긍정적인 대인관계를 형성, 유지하고 또래에게 수용되며
더 광범위한 사회적 환경에서 잘 지내게 해주는 기술

— Walker, Ramesy & Gresham, 2004 —

사회성 기술의 필요성

특수교육대상학생들은 교실에서 생활하면서 학업을 성취하고 또래 관계를 형성하면서 생활한다. 이러한 생활 속에서 사회성기술의 결핍으로 나타날 수 있는 정서행동문제로 인해 학업성취능력이 떨어지는 것은 물론, 비행을 통한 극단적으로는 퇴학에 처하게 될 수도 있다. 때문에, 초등학생 때 사회성기술을 습득하도록 특수교사와 일반교사가 협력하여 교수하는 것이 필요하다.

사회성 기술을 습득의 결핍과 수행의 결핍으로 나누어 보고 교수하도록 하자.

습득결핍
· 하지 못함(can't do)
· 사회성 기술을 배운적이 없음
· 구조화된 환경에서 직접교수 필요

- 사회성 기술 선정
- 선정된 사회성 기술 설명 및 시범
- 역할놀이, 피드백, 일반화 지도

- 차별 강화
- 기술수행 방해요소 조정
- 대안기술 개발

수행결핍
· 하지 않음(won't do)
· 사회성 기술을 지니고 있으나 수행에서 실패
· 구자연적인 환경에서 선행사건 / 후속결과 중재

사회성 기술을 지도할 때 고려해야 할 사항은 다음과 같다.

- 사회성 기술의 중요성에 대한 인식 공유
- 학생의 연령을 고려한 기술 구성
- 일반화(다양한 장소, 대상)와 유지 전략
- 가정연계, 일관된 지도, 지속가능한 방안 마련

사회성 기술 지도 내용

특수교육대상학생을 대상으로 교육과정 내 창체시간 등을 이용하여 함께 다음과 같은 사회성 기술 교수를 위한 수업을 만들어보자.

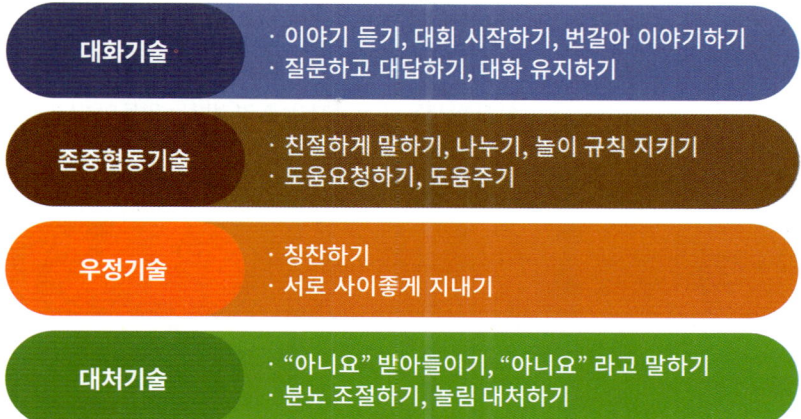

대화기술	· 이야기 듣기, 대회 시작하기, 번갈아 이야기하기 · 질문하고 대답하기, 대화 유지하기
존중협동기술	· 친절하게 말하기, 나누기, 놀이 규칙 지키기 · 도움요청하기, 도움주기
우정기술	· 칭찬하기 · 서로 사이좋게 지내기
대처기술	· "아니요" 받아들이기, "아니요" 라고 말하기 · 분노 조절하기, 놀림 대처하기

주 1회 사회성 기술 교수 시가을 안내하고, 주제별로 단계를 소개하도록 한다. 주제별로 동영상을 제작해서 보여주는데 학생들과 교사가 함께 동영상의 주인공이 되도록 구상하면 더 좋다. 이때 주의할 점은 긍정적인 행동을 하는 역할은 학생이, 부정적인 행동을 하는 역할은 교사가 맡도록 한다. 영화와 그림자료를 이용해 [감정 알기], [나 전달법] 등 다양한 활동을 할 수 있다. 다음의 단계대로 선생님들의 노하우를 적용해서 실천하는 선생님들이 되길 응원한다.

1단계 사회성 기술 정의, 사회성 기술 실천 단계 소개(대화, 존중, 협동, 우정, 대처)

2단계 긍정적 / 부정적인 예를 동영상으로 제작하여 교수하기

3단계 복습, 재확인 — 사회성 기술 실천 단계 재확인

4단계 활동 — 교사 모델링(바르게 사용한 예, 모둠활동)

5단계 일반화 — 역할극(동화동극을 이용한 역할극, 다양한 상황을 제시하고 역할극)

6단계 실천계획 수립(무엇을 배웠나요? 스스로 실천해요)

7단계 강화전략 — 개별, 모둠별, 집단별 보상체계를 통한 강화(선물가게, 학급파티)

좋아하는 책 중에 [혼나지 않게 해 주세요]라는 그림책이 있다. 의도와는 다른 결과로 인해 늘 혼나기만 하는 주인공의 소원이 바로 [혼나지 않게 해 주세요]이다. 이 책을 보면서 내가 가르치고 있는 우리 학생들이 떠올랐다. 일부러 한 행동도 아니고, 잘하려고 했는데 모르고 잘못 행동했거나, 잘 안되었을 때 나타난 행동으로 인해 혼났던 경우가 격려받았던 경우보다 더 많은 우리 학생들은 아니었는지 돌아보게 되었다. 우리 학생들이 혼나지 않고 격려받는 일들이 더 많아지길 소망의 그림을 그려 본다.

02. '다름'을 통해 '아름다움'을 배운다

통통통 이야기

서로 다른 아이들이 어울려 함께 놀이하며 배우는 것은 가장 자연스럽고도 효과적인 인성교육이다. 그런 의미에서 잘 준비된 통합교육현장은 아주 훌륭한 교육환경이다.

당연한 말이지만 아이들은 얼굴 생김새, 키와 몸무게 등 외적인 모습뿐 아니라 잘하는 운동도, 좋아하는 색깔도, 못 먹는 음식도 다 다르다. 장애가 있거나 발달이 늦은 친구에 대해서도 이상하거나 잘못된 것으로 인식하는 것이 아니라 이렇게 단지 '다른 것'으로 받아들일 수 있도록 하는 교육이 필요하다. 유아 및 초등 저학년을 대상으로 '달라서 아름다움'을 느낄 수 있는 통합수업활동 몇 가지를 소개한다.

오감 만족 요리 활동

달라서 아름다운 활동의 핵심은 '다양성'에 대한 표현과 그 결과에 대하여 서로 존중하고 지지하는 것을 경험하는 것이다. 이를 통해 아이들은 서로 '다르다'는 것을 이상하거나 이질적인 것이 아니라 자연스럽고 긍정적인 것으로 받아들일 수 있다.

그중 요리 활동은 오감을 활용하고 긴장을 이완시키며 만족스러운 활동결과물도 볼 수 있는 활동이다. 재료와 도구를 준비하는 사전작업을 필요로 하는 번거로움이 있으나 학급에서 특색활동으로 충분히 해 볼 만하다.

1. 과자로 내(친구) 얼굴 꾸미기

내 얼굴 또는 친구 얼굴을 과자로 꾸미는 활동은 유아 혹은 초등 저학년을 맡은 교사라면 현장에서 한 번쯤은 경험했을 활동이다.

과자라는 맛있고 매력적인 재료로 활동하므로 아이들이 높은 흥미를 보이면서도 자칫 산만해질 수 있는 양면성이 있다. 익히 알고 있는 이 활동을 소개하는 이유는 교사가 어떤 의도와 활동목표를 가지고 발문하고 아이들의 표현을 격려하느냐에 따라 아이들이 생각하고 느끼는 것들이 달라질 수 있음을 말하고자 함이다.

활동을 해보면 어떤 학생들은 빨리 끝내고 과자를 먹으려고, 혹은 장난으로, 혹은 정말 그렇게 표현하고 싶어서, 그것도 아니면 최선을 다해 노력한 결과로 다양하고 독특한 표현들을 많이 만들어내는데, 특수교육대상학생 뿐만 아니라 일반학생도 마찬가지이다.

이때 교사가 결과물이 이상하다고 임의로 수정하거나 '왜 눈이 하나냐'고 반문하는 것이 아니라 아이들이 만든 얼굴 생김새와 표현에 대해 지지하고 격려하면서도 이러한 다양성에 대해 언급해주는 것이 좋다.

여러 가지 색의 젤리로 머리카락을 표현한 학생에게는 '머리카락이 무지개색이네~ 멀리서도 아름다운 머리카락이 보일 것 같아!' 라거나, 길쭉하거나 뾰족한 과자가 아닌 동글 넓적한 과자로 코를 표현한 학생에게 '코가 정말 멋지게 생겼는걸~! 이런 코를 가지면 어떤 장점이 있을까'라고 하는 식으로 말이다.

이러한 **교사의 격려와 지지는 특수교육대상학생의 표현이나 활동 참여도 자연스럽게 받아들이고 작품으로 인정해가는 수용의 과정을 경험할 수 있도록 돕는다.**

2. 토르티야 피자 만들기

밋밋한 맛과 평평한 모양의 토르티야는 피자의 도우로 사용하기 매우 좋은 재료이다. 이 활동을 통해 아이들은 그냥 먹을 때는 맛이 거의 느껴지지 않는 밀가루 반죽에 불과한 토르티야가 다른 재료와 어울려 훌륭한 맛을 내는 결과를 볼 수 있다.

토마토소스를 바른 토르티야 위에 햄, 치즈, 파프리카, 버섯 등의 재료를 썰어 얹고 오븐에 10분 정도 돌려준다. 오븐이 없다면 에어프라이어나 전자레인지를 이용해도 괜찮다. 다양한 색깔, 다양한 맛의 재료가 어우러져 맛있는 피자가 완성된다.

토르티야 피자

요리 활동 시에는 특수교육대상학생과 일반 학생이 서로 짝지어 활동할 수 있도록 자리를 배치하고 협동할 기회를 제공한다. 예를 들어 토르티야에 토마토소스를 바를 때, 흘리지 않고 안정감 있게 활동할 수 있도록 한 친구는 접시를 잡고 다른 한 명은 소스를 바르는 식으로 유도할 수 있다.

생태체험 원예활동

원예활동은 달라서 아름다움을 느낄 수 있는 최적의 활동이다. 소근육 발달과 함께 미적 감각도 향상시킬 수 있는 원예활동을 통해 아이들은 정서적 안정감을 느끼고 표현력도 기를 수 있다. 생화를 비롯한 식물의 향과 색을 느끼며 조심스럽게 활동에 집중하다 보면 꽤 괜찮은 결과물이 탄생한다. 결과물에 대한 학부모의 만족도가 높은 것은 덤이다.

마사와 배양토, 여러 가지 색모래를 층층이 담고 다육 식물을 심어준다. 이때 흙만 이용하는 것이 아니라 배수가 잘되도록 마사와 펄라이트 등을 섞어 주는 것이 좋은데 이 과정에서 흙이 한 종류만 있는 것이 아니라 여러 가지 재료가 필요하고 각각의 역할과 필요성이 있다고 설명해주도록 한다.

색모래 테라리움 만들기
입구가 좁지 않은 적당한 크기의 유리병 또는 유리볼을 준비한다. 유리병이 다소 무겁거나 위험하게 느껴질 수 있는 경우에는 플라스틱 재질의 볼이나 통을 사용해도 좋다.

재료에 관심을 보이는 아이들은 흙과 모래, 자갈 등을 만져볼 수 있게 하며 감각적인 경험을 제공할 수 있고 추후 과학 활동에서 다양한 흙을 관찰하고 저울을 이용해 무게를 비교해 볼 수도 있다.

다육 식물을 다 심은 후에는 동물모형, 울타리, 풍선 등 다양한 픽을 꽂아주면 더 귀엽고 멋진 작품이 된다. **서로 다른 모양의 재료들이 함께 있어 식물이 잘 자랄 수 있고 멋진 작품이되듯이 우리 반 친구들도 모두가 다르기 때문에 아름답고, 함께해서 행복함**을 느낄 수 있게 한다.

요즘은 원예치료나 관련 프로그램을 운영하는 업체들이 많이 있다. 전문 외부 강사를 섭외해 수업을 진행할 수도 있고 1인용씩 포장된 제품을 배송받아 교사가 직접 수업할 수도 있다.

> 활동 전후 아이들의 감성을 풍부하게 하고 자연스럽게 마음열기를 할 수 있도록 관련된 동요나 음악을 함께 감상하는 것도 좋다. 원예활동의 경우 '모두 다 꽃이야'를 추천한다.
>
> ### 모두 다 꽃이야
> 작사/작곡 류형선
>
> 산에 피어도 꽃이고 들에 피어도 꽃이고
> 길가에 피어도 꽃이고 모두 다 꽃이야
> 아무데나 피어도 생긴대로 피어도
> 이름 없이 피어도 모두 다 꽃이야
> 봄에 피어도 꽃이고 여름에 피어도 꽃이고
> 몰래 피어도 꽃이고 모두 다 꽃이야

원예활동 이후에 꽃과 관련한 미술활동을 실시할 수 있다. 빈 화분, 꽃다발, 꽃바구니 도안을 준비하고 청경채, 양파, 팽이버섯, 감자, 당근 등과 같은 채소를 준비해서 단면이 보이게 잘라 도장 찍기를 해보자.

아이들이 재미있어할 뿐만 아니라 생각보다 그럴듯한 작품도 나온다.

처음 이 활동을 준비했을 때는 정확한 표현을 위해 붓을 이용하여 채소 단면에 물감을 칠하는 것으로 계획하였다. 그런데 붓의 사용과 조작을 어려워하는 아이들이 있어 널찍한 판에 물감을 짜서 펼친 후 잉크 패드처럼 만들고 채소를 두드려 묻힐 수 있도록 자료를 수정해서 제공하였다.

이렇게 수정된 자료는 사실 특수교육대상학생을 위해 준비한 것이었는데 통합학급 학생들도 이 방법이 쉽고, 또 생각보다 잘 찍히다 보니 나중에는 이 자료를 더 선호하였다.

누구나 접근하기 쉽고 모두가 참여할 수 있는 자료가 된 것이다.

완성된 결과물은 교실 벽면이나 칠판에 붙여 전시하여 아름다운 꽃을 표현한 친구들의 작품 그리고 한데 모은 결과물에 대한 생각과 느낌에 대해서도 함께 이야기 나누는 시간을 가져보자.

03. '함께'해서 '행복함'을 느낀다

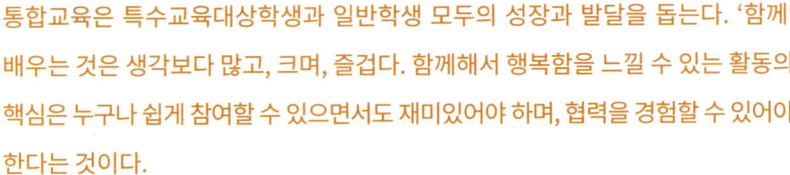

통통통 이야기

함께해서 행복한 활동은 모든 아이가 참여하기 쉽고, 재미있으면서, 협력을 경험할 수 있는 것이 좋다.

통합교육은 특수교육대상학생과 일반학생 모두의 성장과 발달을 돕는다. '함께' 배우는 것은 생각보다 많고, 크며, 즐겁다. 함께해서 행복함을 느낄 수 있는 활동의 핵심은 누구나 쉽게 참여할 수 있으면서도 재미있어야 하며, 협력을 경험할 수 있어야 한다는 것이다.

이를 위해서는 **다양한 발달수준의 아이들이 참여할 수 있도록 난이도와 수준을 쉽게 조절할 수 있으면서도 안전한 자료를 준비하는 것이 중요하다.** 특히, 활동을 진행하며 아이들의 참여와 수행 정도에 따라 다양한 활동으로 변경하고 확장하는 것이 가능한 자료가 좋다.

모두가 즐거운 활동 '물풍선 놀이'

먼저 모두가 좋아하는 물풍선을 이용한 활동을 소개한다. 준비물은 물풍선, 보자기, 반환점, 바구니 등이다. 보통 현장에서는 물풍선으로 과녁이나 목표 지점에 던지는 활동을 많이 하는데, 일단 물풍선은 아이들이 그 감각을 생각보다 아주 좋아한다. 충분히 탐색할 시간을 주니 물풍선을 매듭지은 부분을 잡고 요요처럼 놀기도 하고 손바닥을 모아 그 위에 올려놓고 흔들며 움직임을 관찰하거나 떨어지지 않게 조절하기도 한다.

이후 짝을 지어 활동 자료를 이용, 보자기의 양 끝을 잡고 반환점을 돌아오게 하는 릴레이 게임을 진행한다. 이때 두 팀으로 나누어도 좋고 한 팀으로만 진행하면서 나머지는 응원하도록 해도 괜찮다. 크기가 다양한 낙하산(파라슈트)을 이용해서 여러 학생이 함께 손잡이를 잡고 더 많은 양의 물풍선을 옮기며 이동해보는 것도 좋은 활동이다.

물풍선 옮기기 이외에 물풍선을 굴리는 활동도 할 수 있다. 두 명씩 짝을 정해서 서로 2~3m의 거리를 두고 마주 본 후 다리를 벌려서 서고 그 다리 사이로 물풍선을 굴려 골-인 시키는 것이다. 가끔 바닥에 굴곡이 있어 예기치 못한 타이밍에 물풍선이

터지기도 하는데 그런 장면마저 즐거운 시간이다.

활동을 마친 후에는 마지막으로 물풍선을 던져서 터트리고 터진 풍선을 정리하는 것까지 함께한다. 이 활동에 참여한 특수교육대상학생은 장애진단은 받지 않은 발달지체 학생이었는데, 다소 산만한 편이고 활동의 유지시간이 짧은 아이가 이 활동에는 처음부터 정리까지 잘 참여했다. 아주 어렵지 않으면서도 아이들이 좋아하는 자료로 활동을 진행하니 참여도도 높고 즐겁게 활동할 수 있었다.

통합교육 활동이나 수업을 계획할 때 먼저는 통합학급 담임교사와 협의하며 의견을 나누고, 포털사이트나 SNS를 활용하여 태그 혹은 키워드를 검색하여 관련 자료를 찾아보는 것을 추천한다. 요즘은 기발하면서도 좋은 수업자료가 정말 많다. 자료를 교사가 직접 제작하는 것도 의미 있지만, 굳이 모든 것을 손수 만들 필요는 없다. 직접 만드는 대신 구매함으로써 절약한 시간은 아이들이 쉽고 재미있게 참여할 수 있는 재미있는 협동 활동과 이 수업에 모든 학생이 참여하기 위해선 어떤 수정이 필요한지 통합학급 담임교사와 함께 고민하여 준비하는 것이 좋다.

> 물풍선의 경우 터질 것을 예상하여 아이들이 충분히, 자유롭게 놀이할 수 있게 개수를 많이 만들어야 했다. 일일이 만들려니 준비 시간이 길어질 수 있겠다 싶었는데 활동을 계획하며 통합학급 담임교사와 이야기하다 보니 한 번에 수십 개의 물풍선을 만들 수 있는 자료가 있었다. 심지어 물을 원하는 만큼 넣은 후 수도로부터 빼서 분리하면 고무줄이 저절로 고정을 해주니 묶는 절차도 필요 없어 편리하다.

모두가 참여하는 활동 '풍선 배드민턴'

'풍선 배드민턴'의 준비물은 풍선, 종이컵, 접시, 숟가락, 냄비뚜껑 등 다양한 생활도구이다. 안전하면서도 아이들이 좋아하는 '풍선'이라는 자료를 활용하여 누구나 쉽게 참여할 수 있는 활동을 준비할 수 있다. 이 활동을 처음부터 짝 활동 혹은 협동 활동으로 진행하면 참여를 어려워할 수 있으므로 먼저 준비된 다양한 자료 중 원하는 도구로 혼자 풍선을 치면서 위로 던지고 받을 수 있게 시간을 준다.

그 후 두 명씩 짝을 지어 서로 주고받는 활동을 하고 점점 인원을 추가해서 원의 형태로 서서 그룹 활동으로 진행할 수 있다. 풍선은 바람의 영향을 많이 받기도 하고 외부에서는 공간 범위가 너무 넓어지면 자칫 산만해지거나 갑작스러운 이동으로 위험할 수 있어 체육관이나 넓은 실내 공간을 확보하여 활동하도록 한다.

활동을 어렵게 느낄 아이들을 위해 크기가 다양한 접시, 숟가락, 냄비뚜껑 등의 자료를 준비했는데 풍선이 가벼우면서 크기 조절이 가능하다 보니 공 주고받기를 어려워했던 특수교육대상학생도 크게 만든 풍선을 이용하여 이 활동에 참여할 수 있었다. 특히 숟가락은 손잡이 부분을 잡고 치면 동그란 부분이 라켓의 헤드 역할을 해서 조작이 쉬우면서도 풍선을 아주 쉽게, 잘 칠 수 있는 도구가 된다.

신체·게임 활동 후에는 풍선과 반짝이 스티커, 그리고 아이스크림콘 모양의 도안을 이용해서 아이스크림 풍선을 만들면 아이들이 무척 즐거워하는 모습을 볼 수 있을 것이다.

 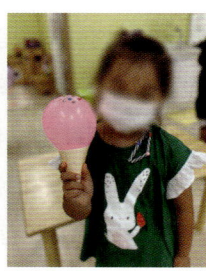 

04. 공감하고 존중하는 통합교육 실현하기

통통통 이야기

교사의 존재 이유는 수업이다. 수업을 잘하는 교사는 다양한 변수를 고려한다. 통합학급을 운영하는 교사는 제일 먼저 고려해야 할 사항은 바로 특수교육대상학생이다. 특수교육대상학생을 학습요소로 수업을 해보자.

통합학급을 운영해보신 경험이 있으신가요? 경험이 있는 교사와 없는 교사의 공통점이 있다. 바로 "힘들다, 수업을 이끌어가는 것이 어렵다, 해당 사항이 없어 관심 밖이다"라는 것이다.

이런 반응이 나오는 이유는 무엇일까? 생각해보면 특수교육대상학생에 대한 관심이 적기 때문이 아닐까? 관심이 적다는 것은 학교에 특수교육대상학생의 비율이 적어 담임교사가 될 확률이 낮다는 것을 의미하지만 우리는 교사이기에 '모든 학생을 고려한 수업과 학급을 운영해야 하지 않을까?'라는 물음을 던져본다.

특수교육대상학생에 대한 관심가지기

최근 교육부에서 제공한 2020 교육기본통계를 살펴보면 전국 유치원, 초등학교, 중학교, 고등학교 등 학교에 재학 중인 학생은 약 600만명에 이른다고 한다. 이는 전체 인구의 12%에 해당한다. 전체 인구수에 대한 비율로 보면 큰 비중을 차지하지는 않지만 길거리에서 흔히 볼 수 있는 대상은 학생들이다.

쉽게 찾아볼 수 있고 접할 수 있는 학생들은 소중한 존재이다. 이 학생들이 없다면 교사와 학교는 존재할 이유가 없다. 잠시 학교급별 학생수를 살펴보자. 전체 학생수에서 초등학생은 약 45%, 거의 절반을 차지한다.

학교급	인원수(명)	비율(%)
유치원	612,538	10.20
초등학교	2,693,716	44.82
중학교	1,315,846	21.89
고등학교	1,337,320	22.25
기타	50,594	0.84
계	6,010,014	100

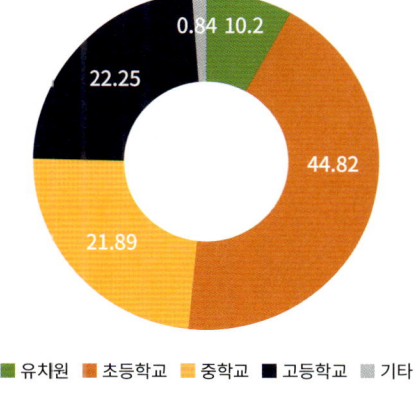

[출처:교육부 교육통계]

그럼 우리 특수교육대상학생이 얼마나 있는지를 생각해 본 적이 있는가? 특수교육에 관심이 높은 교사가 아니라면 큰 관심을 두지 않을 것이다. 지금부터 제시하는 자료를 통해 우리 주위에 특수교육대상학생이 얼마나 많은지 살펴보도록 하자.

국립특수교육원 2020 특수교육통계에서는 특수교육대상학생은 95,420명, 전체 학생수의 약 1.6%에 해당한다고 발표하였다. 장애의 비중별로 살펴보면 지적장애, 자폐성 장애, 지체장애, 발달지체, 청각장애 등의 순으로 분포되어 있는 것을 알수가 있다. 이는 생각보다 많은 수의 특수교육대상학생들이 있고 해마다 증가한다는 것을 볼 때 학교현장에서 통합교육의 필요성은 당연시되고 있는 것이다.

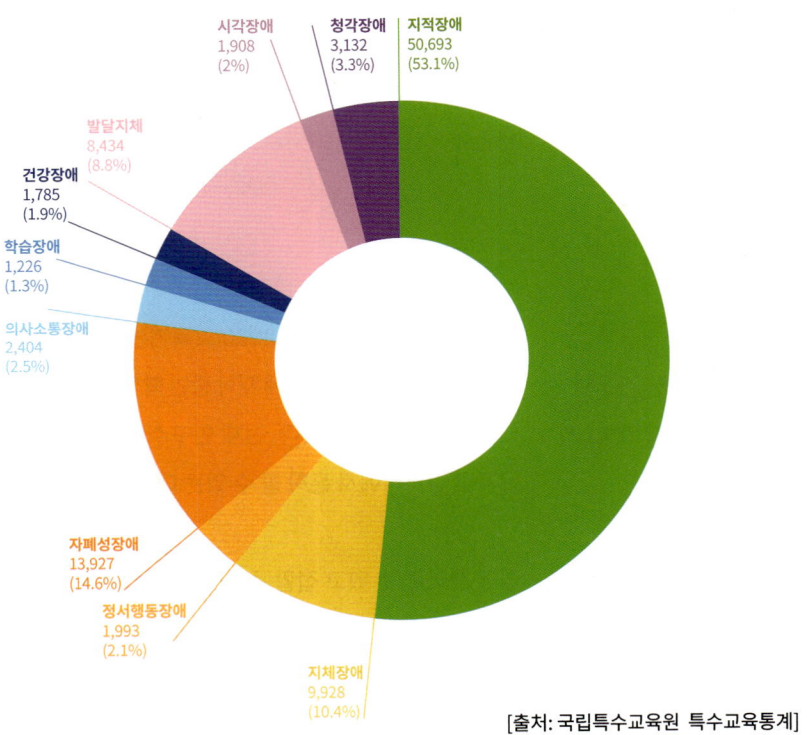

[출처: 국립특수교육원 특수교육통계]

한가지 데이터 분석자료를 더 살펴보도록 하자. 장애학생들을 위한 특수학교, 통합교육 실현을 위해 일반학교에 포함된 특수학급과 일반학급에서 생활하는 특수교육대상학생, 특수교육지원센터에서 순회교육을 받는 특수교육대상학생 등 다양하게 분포되고 편성되어 있는 것을 알 수 있다.

이 중 일반학교에서 가장 많이 볼 수 있는 형태가 특수학급이다. 즉, 통합교육지원반에 속한 특수교육대상학생들이라는 의미다. 일반학교에 다니는 특수교육대상학생의 비율이 약 72%로 아주 높다. 즉, 통합교육을 실현하고자 하는 교육적 의도로 생각된다.

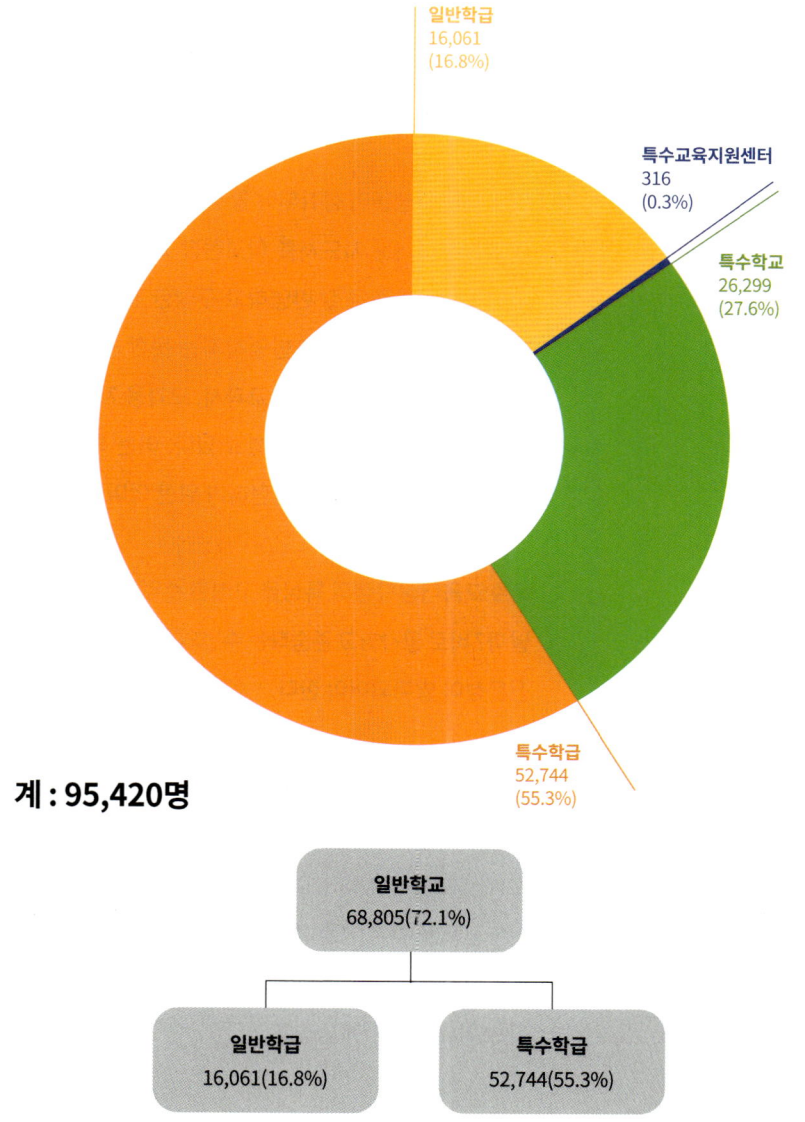

[출처: 국립특수교육원 특수교육통계]

전체 학생 600만명 중 특수교육대상학생(장애학생을 포함한 의미)이 95,420명으로 작은 숫자에 비춰질 수도 있지만 우리는 학교현장에서는 쉽게 만날 수 있다.

수많은 학생들이 생활하는 공간인 학교 공간에서 특수교육대상학생은 소수에 불과하다. 하지만 우리는 통합교육의 실현을 위해 이 학생들을 주목해야 하고 관심과 사랑을 주어야 하는 교사이다. 모두가 소중하고 사랑스러운 학생이기 때문이다.

통합교육 실현을 위해 교육과정을 재구성하자

통합교육을 실현하기 위해서는 교육과정을 재구성하지 않으면 한계점에 부딪히게 된다. 왜일까? 학생 개개인의 모습과 성향이 다르기에 교육부에서 제공된 지도서와 교과서로 통합학급에서 표준화된 교육을 실현하기에는 어려운 점이 있다. 다양한 특성을 반영하는 교육과정을 담아내는 것에 한계가 있다는 의미이다. 여기에 통합교육을 실현하기 의해 교육과정 재구성의 필요성이 제기된다.

전국 모든 학생들이 성취해야 할 성취기준을 제시하고 이를 표현한 예시적인 성격인 교과서와 교과용 지도서를 학교현장 교사에게 제공하고 있다. 국가 교육과정에서 제시한 성취기준을 잘 반영하고 구성한 것이 교과서와 교과용 지도서이지만 특수교육대상학생의 성향을 반영하지는 못한 것이 현실이다. 이 점을 감안하여 통합학급의 교사는 성취기준과 교과서, 교과용 지도서를 활용하여 우리 학급의 실태에 맞는 통합수업을 재구성을 하고 있다. 이는 특수교육대상학생의 시선과 눈높이에 맞춘 맞춤형 통합교육을 실현하기 위한 의미이기도 하다.

특수교육대상학생의 특성을 고려한 수업을 재구성한다면 수업에 어떤 변화가 일어날까? 바로 공감하고 존중하는 수업의 문화가 형성될 것이다. 그러기 위해서는 교사의 전문성이 발휘되어야 한다.

교사는 교육과정을 바라보는 안목을 가진 전문가이다.

교사는 교육부로부터 교원자격증을 부여받은 사람이다. 이는 교육적인 전문적인 기본능력을 갖춘 사람에게 주는 자격증으로 특별한 교육을 이수받은 사람에게만 제공되기에 보통의 자격증과는 다른 의미를 가진다. 그러기에 교사를 전문직이라고 하는 이유가 여기에 있다.

교사마다 교육과정을 분석할 수 있는 안목을 가지고 있고 능력을 갖추었다. 이런 능력을 통합학급에 적용한다면 어떨까? 최근 교육현장에서는 교육과정-수업-평가의 일관성(일체화)를 강조하고 있다. 이에 대한 연수가 각 시도교육청마다 진행이 되었고, 학교현장에서도 적용되고 있다. 이제 우리는 통합교육을 실현하는 통합학급 담임교사로서 통합학급에서도 이런 점을 실천해보고자 제안을 한다.

장애의 종류가 다르기에 교육과정의 재구성이 필요하다는 것은 앞서 언급하였다. 그렇다면 선생님들은 장애의 종류를 알고 있는가? 장애의 유형을 크게 3가지로 유목화하면 다음과 같다.

> ### 장애 유형 유목화
>
> 지체장애, 시·청각 장애에 해당하는 **신체감각적 장애**
> 발달지체, 지적장애를 포괄하는 **발달장애**
> 자폐성 장애를 일컫는 **정서행동적 장애**

교육과정 재구성으로 통합교육 실천하기

장애의 종류가 다양하기에 우리 반의 특수교육대상학생의 장애유형과 정도를 확인하고 발달 특성을 고려하여 수업을 재구성하여야 한다.

학교를 경영하는 교장선생님을 포함한 교육공동체는 학교운영에 대한 경영관 또는 교육관을 가지고 있다. 그렇다면 학급을 운영하는 담임교사는 무엇을 가져야 할까?

담임교사의 교육철학이 담긴 학급교육관이다.

학교생활을 하다보면 종종 선배교사들이 이런 질문을 한 적이 있다. 특히 신규교사들에게 많이 하는 질문이기도 하다.

"박선생님! 선생님은 교육철학을 가지고 계신가요?"

처음 이런 질문을 받았을 때, 당황스러웠지만 교사라면 생각해 볼 문제이고 교직생활을 하는 동안 소신을 가지고 생활해야 할 사명감이기도 하다. 이런 학급교육관을 통합학급 운영에 함께 연계를 시킨다면 어떨까?

학급교육관을 설정할 때 여러 가지 요소와 가치를 고려하지만 통합학급을 운영하는 교사라면 무엇을 가장 고려해야 할까요? 교사마다 생각하는 가치와 교육관이 다르기에 차이는 있지만 통합교육 실현을 위해서는 이것이 아닐까 싶다.

공감과 존중

학급교육관은 담임교사가 학급을 운영하기 위한 방향성이다. 통합학급을 실현하기 위해서는 다양한 교육적 가치를 연계하면 좋지만, 도덕적 가치를 고려하여 학급교육관을 설정하는 것을 권장한다.

격려	공감	기여	관계	배려	봉사
수용	예의	협력	정의	존중	책임
생태	배움	지혜	창의성	통찰	공동체
겸손	긍정	끈기	성실	성찰	여유
자존감	정직	감동	깨달음	꿈	존중
행복	희망	소통	열정	민주	친절
자유	즐거움	평화	건강	나눔	감사
자율	자부심	인권	신뢰	사랑	돌봄

통합교육을 실현하기 위한 교사의 학급교육관을 제시해 보면 어떨까?

**친구의 마음을 공감하고 생각을 존중하는 즐거운 우리 반
서로 배려하고 친구의 마음을 존중하는 우리 반
서로 함께 묻고 답하면서 배워가는 소통 교실**

통합교육을 실현한다고 해서 특수교육대상학생을 앞세워 학급교육관을 설정할 수는 없다. 직접적으로 표현을 할 경우는 특수교육대상학생이 마음의 상처를 입을 수 있기 때문이다. 간접적으로 표현하여 모두가 함께 실천할 수 있는 가치를 선정하여 학생과 교사가 함께 만들어가는 것이 학급교육관이기 때문이다. 교사 혼자 일방적으로 제시할 경우 학생들의 호응이 없으면 통합교육을 실현하기는 어려워진다.

학급교육관을 설정하였으며 교실에서 실현을 할 수 있는 것은 수업이다. 수업은 성취기준을 근거로 이루어져야 하기에 교재 연구가 필수적이다. 수업 속에서 학생들 간의 상호작용으로 소통하는 통합교육 실현의 바탕은 성취기준 분석이다.

1. 성격	· 교과가 갖는 고유한 특성에 대한 개괄적인 소개 · 교과교육의 필요성 및 역할(본질, 의의 등), 교과 역량 제시
2. 목표	· 교과 교육과정이 지향해야 할 방향과 학생이 달성해야 할 학습의 도달점 · 교과의 총괄목표, 세부목표, 학교급 및 학년군별 목표 등을 진술
3. 내용체계 및 성취기준	
가. 내용체계	· 영역, 핵심개념, 일반화된 지식, 내용요소, 기능으로 구성 　■ 영역: 교과의 성격을 가장 잘 나타내주는 최상위의 교과 내용 범주 　■ 핵심개념: 교과의 기초 개념이나 원리 　■ 일반화된 지식: 학생들이 해당 영역에서 알아야 할 보편적인 지식 　■ 내용요소: 학년(군)에서 배워야 할 필수학습내용 　■ 기능: 수업 후 학생들이 할 수 있거나 할 수 있기를 기대하는 능력으로 교과 고유의 탐구과정 및 사고 기능 등을 포함
나. 성취기준	· 학생들이 교과를 통해 배워야 할 내용과 이를 통해 수업 후 할 수 있거나 할 수 있기를 기대하는 능력을 결합하여 나타낸 수업 활동의 기준
(1) 영역명	
(가) 학습요소	· 성취기준에서 학생들이 배워야 할 학습 내용을 핵심어로 제시한 것임
(나) 성취기준 해설	· 제시한 성취기준 중 자세한 해설이 필요한 성취기준에 대한 부연 설명으로, 특별히 강조돼야 할 성취기준을 의미하는 것은 아님
(다) 교수·학습방법 및 유의사항	· 해당 영역의 교수·학습을 위해 제안한 방법과 유의사항 · 학생 참여 중심의 수업 및 유의미한 학습 경험 제공 등을 유도하는 내용 제시
(라) 평가방법 및 유의사항	· 해당 영역의 평가를 할 수 있도록 제안한 방법과 유의사항 · 해당 영역의 교수학습 방법에 따른 다양한 평가, 특히 과정 중심 평가가 이루어질 수 있도록 관련 내용 제시
4. 교수·학습 및 평가의 방향	
가. 교수·학습방향	· 교과의 성격이나 특성에 비추어 포괄적 측면에서 교수학습의 철학 및 방향, 교수·학습의 방법 및 유의사항을 제시함
나. 평가방향	· 교과의 성격이나 특성에 비추어 포괄적 측면에서 교과의 평가 철학 및 방향, 평가방법, 유의사항을 제시함

성취기준은 함축적이고 포괄적인 표현을 제시가 되었기에 학생들이 배워야 할 구체적인 학습요소를 도출하여야 한다. 그렇기 위해서는 교과별 총론에 제시된 성취기준 해설, 학습요소, 교수·학습방법 및 유의사항, 평가 방법 및 유의사항 등을 세밀하게

분석을 하여야 한다.

특수교육대상학생을 고려한 재구성 수업 사례 엿보기(체육 수업)

통합학급 담임교사 A는 체육교과의 성취기준을 교과수업에 실천하기 위해 고민에 빠졌다. 특수교육대상학생이 없는 일반학급이라면 제한사항이 없지만 A교사의 반에는 고려해야 할 학생이 있기 때문이다.

[4체 03-02] 단순한 규칙으로 이루어진 게임을 수행하며 경쟁에 필요한 기능을 탐색한다.

[우리반 실태]
체육 수업을 하기 위해 교사는 고민에 빠졌다. 우리 반에는 다리가 불편 움직임 활동을 힘들어 하는 특수교육대상학생이 있다.

[교사의 고민]
체육시간만 되면 참여하기 싫어하는 특수교육대상학생과 함께 수업을 하고 싶다.

통합학급 담임교사는 수업을 전개하기 위해 체육교과의 총론과 교과용 지도서를 펴고 수업전개에 대해 분석을 하기 시작했다. 학습요소는 무엇이고 교수 · 학습방법과 평가방법을 고려하여 교재 연구를 시작하지만 여전히 실타래는 풀리지 않았다.

성취기준	학습요소
[4체03-02] 단순한 규칙으로 이루어진 게임을 수행하며 경쟁에 필요한 기능을 탐색한다.	경쟁의 의미 탐색하기
	술래 놀이 전략 탐색하기
	전략놀이에 대한 기능 익히기
	술래잡기 놀이 실행하기

[체육 교과용 지도서 학습내용]

체육 교과용 지도서에 제시된 내용으로는 통합교육을 실현하기가 어렵다는 것을 고민하던 A교사는 학습요소에 초점을 맞추어 수업의 내용을 재구성하기 시작했다. 다리가 불편한 학생이 수업에 참여하기 위해서는 성취기준의 학습요소를 재구성하여 참여하도록 하는 방법이었다.

우선 경기규칙 만들기를 통해 수업에 참여시키기 위한 동기를 부여하고, 특수교육대상학생이 참여할 수 있는 경기장의 크기와 술래에 대한 규칙을 정함으로써 특수교육대상학생에 대한 배려를 학생들에게 인식을 시켜준다.

모둠별로 술래놀이에 대한 전략을 탐색하고 움직임이 불편한 특수교육대상학생에게 인센티브를 제공하여 술래에 대한 페널티를 제공하여 함께 참여할 수 있는 수업 분위기를 조성한다.
특수교육대상학생이 피할 수 있는 공간을 확보하고 술래에게 잡히지 않도록 하기 위해 모둠별 전략을 세워 학생들이 게임의 규칙을 탐색할 수 있는 계기를 제공하고, 전략놀이에 필요한 기능과 규칙을 스스로 익히게 한다.

술래잡기 놀이 실행을 통해 전략을 세운 게임을 실행해보고 잘된 점과 개선할 점을 찾아 학생들 스스로가 함께 배우고 함께 참여한다는 공동체 의식을 심어줌으로써 특수교육대상학생이 참여할 수 있는 수업분위기를 조성하여 성취기준의 목표를 함께 도달하는 공동의 사고와 협력을 학생들에게 심어주는 것이 중요하다.

학습요소	학습요소 재구성
경쟁의 의미 탐색하기	경쟁의 의미 탐색하기 경기규칙 만들기(경기장 규격, 술래 규칙 등)
술래 놀이 전략 탐색하기	모둠별 술래 놀이 전략 탐색하기 특수교육대상학생에게 인센티브 부여하기 (놀이 규칙, 또래 도우미 활용 등)
전략놀이에 대한 기능 익히기	전략놀이에 대한 기능 익히기
술래잡기 놀이 실행하기	술래잡기 놀이 실행하기 술래잡기 구역 설정하기

[특수교육대상학생을 고려한 체육 교과용 지도서 학습내용]

특수교육대상학생을 고려한 재구성 수업 사례 엿보기(국어 수업)

대체적으로 특수교육대상학생은 통합교육지원반에서 국어 수업을 받지만 학년 및 학교의 특색교육으로 인한 프로젝트 수업, 통합학급 담임교사의 공개수업의 특별한 상황이 발생하면 통합학급에서 수업을 받게 된다. 이런 상황에서 특수교육대상학생을 소재로 수업을 전개하면 수업의 효과를 높일 수 있다.

청각장애를 가진 학생이 학급에 있다고 가정을 해보자. 언어 전달이 잘 되지 않은 학생과 수업을 하기란 어려운 일이다. 완전히 듣지 못하는 학생이라면 수화라는 보조수단이 필요하지만 인공와우 수술을 받았다면 교사와 학생들이 전달하는 소리를 식별할 수 있다.

명료하고 깨끗하게 전달되지는 않지만 일상생활 소리를 기계로 전달받아 언어전달이 가능하니 청각장애가 있는 학생에게는 꼭 필요한 보조장치이다.

지식과 기능을 수업에서 적용한다면 구어 의사소통의 특성을 내용요소로 하는 성취기준을 예로 들 수 있다.

[6국01-01] 구어 의사소통의 특성(지식)을 바탕으로 하여 듣기, 말하기 활동을 한다.(지식)

성취기준을 살펴보자. 지식과 기능으로 분석을 하면 구어 의사소통의 특성에서 요구하는 지식은 언어적, 준언어적, 비언어적 표현을 알아보는 것이고, 기능적 요소로는 언어적, 준언어적, 비언어적 표현하는 활동이다. 청각장애가 있는 학생에게는 다소 어려운 수업일 수 있기에 학습요소 중 수업에 적용 가능한 학습요소를 초점화하여 수업을 전개할 수 있다.

[6국01-01] 구어 의사소통의 특성을 바탕으로 하여 듣기, 말하기 활동을 한다.

학습 요소	차시	주요 학습 활동
언어적·준언어적 ·비언어적 표현 알아보기	1, 2	▪ 다양한 일상 대화 상황 알아보기 ▪ 대화에 실패했던 경험, 오해를 불러일으킨 경험 나누기 ▪ 다양한 자료에서 '준언어적, 비언어적 표현' 알아보기
언어적·준언어적 ·비언어적 표현 해보기	3, 4	▪ 상황에 맞게 '언어적, 준언어적, 비언어적 표현'을 넣어 역할극하기
	5, 6	▪ 시, 애니메이션, 드라마, 영화 등 한 장면을 정해 '언어적, 준언어적, 비언어적 표현' 해보기
	7, 8	▪ 주어진 상황과 반대되는 '준언어적, 비언어적 표현' 해보기 ▪ 준언어적, 비언어적 표현의 효과 알기

특수교육대상학생을 학습요소로 가져오기는 민감한 부분이 많다. 학생의 심리적 특성도 고려해야 하기 때문이다. 성별, 발달단계, 학생들과의 관계 등을 고려해야 하기에 통합학급 담임교사는 많은 점을 고려하여 수업으로 이끌어 내야 한다.

일상대화에서 오해한 경험 이야기를 통해 학생과 교사, 부모님의 경험을 들어보고 청각장애를 가진 학생에게 관련 경험이 있는지 자연스럽게 물어봄으로써 수업에 대한 관심을 갖도록 유도할 수 있다.

이런 공감대가 형성되었다면 수업의 활동은 자연스럽게 전개될 것이고 학습요소에 대한 언어적, 준언어적, 비언어적 표현에 대한 지식을 이해하고 상황에 맞게 표현할 수 있도록 학습요소를 재구성할 수 있다.

[6국01-01] 구어 의사소통의 특성을 바탕으로 하여 듣기, 말하기 활동을 한다.		
학습 요소	차시	주요 학습 활동
언어적·준언어적·비언어적 표현 알아보기	1, 2	▪ 다양한 일상 대화 상황 알아보기 ▪ 대화에 실패했던 경험, 오해를 불러일으킨 경험 나누기 ▪ 다양한 자료에서 '준언어적, 비언어적 표현' 알아보기
언어적·준언어적·비언어적 표현 해보기	3, 4 (재구성)	▪ 낱말 카드를 활용하여 상황에 맞게 '언어적, 준언어적, 비언어적 표현'을 넣어 표현하기
	5, 6 (재구성)	▪ 이어말하기를 통해 제시된 상황을 '언어적, 준언어적, 비언어적 표현' 해보기
	7, 8 (재구성)	▪ 주어진 상황과 반대되는 '준언어적, 비언어적 표현' 역할극으로 표현 하기 ▪ 그림카드로 비언어적 표현의 효과 알기

[청각장애가 있는 특수교육대상학생을 고려한 체육 교과용 지도서 학습내용]

통합학급의 수업은 어렵고도 힘들다. 하지만 학생들의 특성과 성향을 파악하고 있다면 수업의 재구성은 어렵지 않을 것이다. 통합학급 담임교사의 노력으로 인해 비장애학생과 특수교육대상학생이 함께 공감하고 존중받을 수 있는 수업이 실현된다면 통합교육의 본질은 더욱 빛날 것이다.

공감하고 존중하는 통합교육의 실현은
교육과정 재구성이 출발점이고
도착점은 함께 참여하고 상호작용하는 수업의
실천이라고 생각한다.

05. 통합학급 운영 Know-How 알아보기

통통통 이야기

통합학급의 실패와 성공의 차이는 무엇일까? 특수교사와의 관계형성이다. 특수교사를 나의 학급운영 파트너로 생각해야만 통합학급의 운영은 성공할 수 있을 것이다.

교사들은 학급을 운영하는데 있어 자신만의 노하우를 가지고 있다. 사회적 문화적으로 급변하는 현대사회에 살고 있는 우리 교사들은 유행에 민감하고 변화에 빨리 받아들인다. 이유는 학생들과 소통하고 공감하기 위해서이다.

사회적 변화가 빠르기에 수많은 연수를 받고 학생들을 이해하기 위한 노력을 한다. 이런 과정의 노력을 학급운영에 적용하기 의해 교사 개개인마다 학급교육관을 가지고 학급운영에 대한 철학을 가지게 된다. 통합학급을 운영하는 교사는 어떤 노하우를 가져야 할까?

특수교사에 대해 이해하기

학교의 주인은 누구인가? 교사? 학생? 학부모? 지역사회? 정답은 관점에 따라 달라지게 된다. 교사에 초점을 두면 교사가 주인이 되고, 학생에 초점을 두면 학생이 주인이 되게 된다. 학교의 주인은 누구인가의 질문은 의미가 없는 질문인 것이다. 정답은 모두가 주인이기 때문이다. 학교는 교직원들이 구성된 집단이다. 수많은 구성원 중에 교사의 종류도 다양하다. 초등교사, 중등교사, 특수교사, 보건교사, 영양교사, 사서교사, 상담교사 등 다양한 교사들이 학교의 공간 속에 함께 생활하고 있다.

45(2) 26(1) 19(1) 7(1)의 의미를 알고 있나요?

이 숫자가 의미하는 것은 무엇일까? 45, 26, 19, 7은 학급수를 의미하며, 괄호 안의 수는 특수학급 수이다. 즉, 45(2)의 의미는 일반학급 43학급과 특수학급 2학급으로 구성된 학교라는 의미이다. 대부분의 교사는 쉽게 접하는 숫자가 아니라 자세하게 모르는 것이 정답이다.
하지만 이 숫자의 의미를 정확하게 아는 교사가 있다. 특수교사와 교무부장이다. 그럼 이제 내가 소속된 학교를 살펴보자. 우리 학교의 학급수는 어떻게 되는가?

아래 그래프는 국립특수교육원에서 제공한 특수교사 전체 교원수 통계 그래프이다. 무엇이 보이나요? 특수교사의 수가 점점 늘어나고 있다는 것을 확인할 수가 있다. 20년 전과 비교해보면 특수교사의 수가 약 2.5배 증가한 것을 알 수 있다. 이를 분석하면 특수교육대상학생이 해마다 증가하여 이를 필요로 하는 교사의 수도 동반 증가하는 것이다. 즉, 특수교육의 필요성과 통합교육에 대한 학부모의 요구가 높아졌다는 것을 해석할 수 있다.

특수교사는 특수교육대상학생과 통합학급을 위해 존재한다고 할 수 있다. 다시 말하면 학교 구성원이며 학생을 위해 존재한다는 것을 말한다. 누구나 다 알고 있는 사실을 왜 말하는 것일까? 간혹 특수교사에 대해 잘못 이해하고 있는 교사들도 있기에 삼척동자도 다 아는 사실을 재언급하는 것이다.

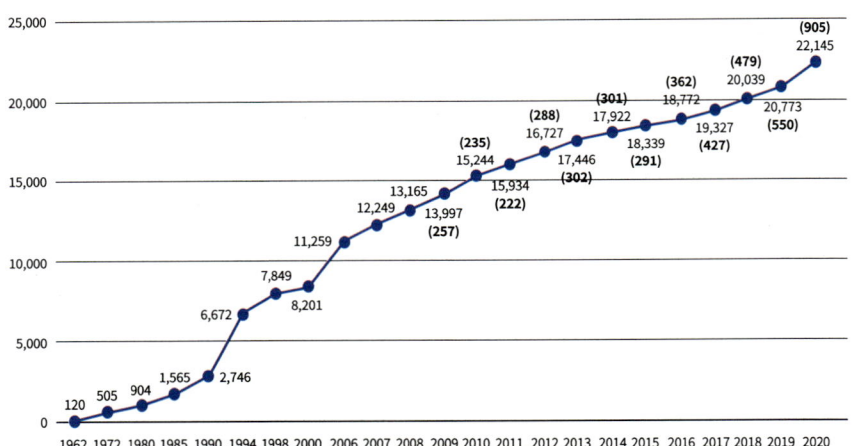

[출처: 국립특수교육원 특수교육통계]

특수교사에 대한 오해
- 특수교사를 교사가 아닌 특수교육대상학생을 보조하는 보조교사로 생각
- 가르치는 학생이 적어 편하다
- 국어, 수학만 가르치는 교사
- 특수교육대상학생은 특수교사의 몫이다
- 통합학급 특수교육대상학생은 우리반 학생이 아니라 특수학급의 학생

학교생활을 하다보면 일반교사들이 잘못 생각하고 있는 특수교사의 오해를 접하게

된다. 이런 현상이 발생하게 되는 이유는 무엇일까? 서로에 대해 잘 모르기 때문이 아닐까 싶다.

특수교사는 신체적·정신적으로 장애를 가진 학생들을 대상으로 장애학생의 개인적 욕구, 능력, 학습수준, 신체 조건 등을 고려하여 교육하는 교사를 지칭한다. 이런 의미를 알았다면 특수교사가 하는 역할을 이제는 정확하게 이해했을 것이라 생각된다. 통합교육지원반은 우리 가까이에 있으며 교사들에게 특수교육에 대한 전문적인 지식을 얻을 수 있는 보물창고이다.

교무부장을 하면서 얻은 노하우를 살펴보자. 교무부장의 업무적 특성으로 인해 학교 전반적인 업무와 각 부서별 교사들과의 업무를 협조할 때가 많다. 특수교사와도 업무 협조와 협의가 많이 이루어진다. 이런 계기로 알지 못했던 특수교육에 대한 이해가 넓어지고 특수교사의 공개수업 참관으로 인해 특수교육과 통합학급 운영에 대한 방향성을 잡게 되는 기틀을 마련하게 되었다.

특수학급에 대한 이해는 직접 만나고 부딪혀야만 알 수 있는 생동감있는 경험의 세계인 것이다.

특수학급의 명칭은?

학급의 명칭은 단순하다. 1학년 1반, 1학년 2반으로 반의 순서를 나열하는 학교가 대체적으로 많다. 이를 변화시키기 위해 일부학교에서는 1학년 신나는 반, 1학년 즐거운 반, 1학년 행복한 반. 1학년 정다운 반의 한글의 명칭을 붙여 사용하는 학교, 기르고자 하는 덕목을 중심으로 1학년 知, 1학년 德, 1학년 體로 학급 명칭을 편성한 학교도 간혹 볼 수 있다.

그렇다면 특수학급의 명칭은 어떨까? 불과 몇 년전만 하더라도 늘품반, 사랑반, 어울림반, 도움반, 특수반으로 불리웠다. 특수학급은 학년의 경계가 불분명하고 무학년제로 구성되는 점을 고려할 때 학년 단위로 명칭을 할 수 없다는 제약이 있다. 이에 특수학급을 바라보는 주위의 시선이 긍정적인 시각보다는 부정적인 시각이 높아 특수교사들은 많은 고충을 받고 있다.

이제는 통합교육의 실현의 목적과 방향의 인식이 개선되어 통합교육을 강조하는 바람이 교육현장에서 불고 있다. 이에 특수학급의 명칭도 통합교육지원반으로 바뀌어져 가고 있다. 명칭이 모두 통일된 것은 아니지만 확실한 것은 특수교육을 바라보는 관점과 시각이 긍정적으로 달라지고 있다는 것이다.

Question.
선생님은 일년에 통합교육지원반에 몇 번 정도 가나요?
① 매일   ② 1주일에 한 번 정도   ③ 한 달에 한번 정도   ④ 안간다

갑자기 뜬금없는 질문을 해서 당황스러웠을 것이지만 한번 생각해 볼 질문이라고 생각된다. 간단한 질문이지만 서로가 생각해보고 고민을 해야 하며, 이 질문에 대한 정답은 교사 개인이 가지고 있을 것이다.

> **옆반 교실은 자주가는데 왜 통합교육지원반은 가지 않는 이유**
> · 특수교사와 친하지 않아서
> · 어디에 있는지 몰라서
> · 우리 반에는 특수교육대상학생이 없어서

통합교육지원반을 살펴보자. 우리 일반 교실과 다른 점이 보이는가? 큰 차이점이 없으며 개별화교육을 실현하기 위한 학생 책상이 교사와 마주 보고 배치되어 있다는 점과 신체적 장애가 있는 학생을 위한 보조 도구가 있다는 점밖에 없다.

통합교육 노하우
Step by Step

통합교육 실현의 성공은 실천이다. '실패는 성공의 어머니'라는 속담이 있다. 교육에 있어 실패는 없다. 다시 도전하고 수정하면 방향이 보이고 계속적으로 적용하면 교사만의 노하우가 습득되게 된다. 통합교육은 실패를 두려워하면 안된다. 실패에 실패를 거듭하더라도 계속적으로 반복하고 연습하면 어느 순간 성공의 희열을 맛보게 될 것이다.

[출처: ○○초등학교 통합교육지원 1반의 교실 모습]

Step 1. 학기 초 통합학급 적응기간을 활용하라.

이 기간은 학기가 시작되는 학기 초 특수교육대상학생들이 통합학급에 속한 비장애학생, 통합학급 담임교사와의 관계 형성을 위해 짧게는 1주일 길게는 2주일 정도의 적응기간을 말한다. 이 기간 동안 특수교육대상학생은 새로운 친구들과의 관계 형성을 위해 적응 과정을 갖게 되어 매우 중요한 시기이다.

매년 바뀌는 통합학급 담임교사와 학생들의 변화는 특수교육대상학생과 학부모에게는 두려움으로 다가오기도 한다. 이런 두려움을 해소시켜주기 위해 통합학급 담임교사는 다양한 프로그램을 마련하여 특수교육대상학생이 하루 빨리 적응하도록 지도하여야 한다.

> **적응기간 동안 형성해야 할 사항**
> - 특수교육대상학생의 책상과 사물함의 위치
> - 특수교육대상학생의 또래 도우미
> - 통합학급의 수업 및 학급 규칙
> - 학급 아침 인사 및 배웅 인사말
> - 1인 1역할
> - 교과전담시간의 교실 확인
> - 학급 친구들의 이름 등

학기 초 학생들은 새로운 환경 변화에 민감하지만 설레임도 가득하다. 이런 욕구를 만족시켜주기 위해 교사는 다양한 감정의 표현을 하면서 학생들을 맞이하면 좋다. 예를 들어, 바쁜 아침에 밀린 업무를 하기 위해 컴퓨터 책상에 앉는 것보다 등교하는 학생들을 보면서 반갑게 인사하고 오늘의 감정 상태가 어떤지 살펴보는 것은 어떨까? 잠에서 깨어난 지 얼마 되지 않은 학생들의 감정 상태를 생각해 본 적이 있는가? 즐거운 마음인지 슬픈 마음인지 피곤한 마음인지 교사는 알 수가 없다. 이를 알아채기 위한 방법이 감정표현의 방법이다. 특수교육대상학생은 표현에 서툴기도 하다. 서툰 학생의 마음을 헤아리기 위해 감정과 얼굴의 표정을 살피는 것이 좋다.

학생들과의 배웅인사(하교인사)는 어떻게 하는가? 인사말은 감정의 표현을 비추는 거울이다. 매일 하지만 표현이 서툰 학생들에게는 자신의 마음을 비출 수 있는 기회인 것이다.

> **학급 인사말**
> · 친구야 사랑해! 네가 있어 고마워! 잘가~
> · (손짓 하트를 그리며) 사랑해, 오늘도 고마워!
> · 차 조심! 낯선 사람 조심! 코로나 조심!
> · (매일 한 친구를 지목하여) 넌 멋있어! 너가 있어 고마워!

학급인사를 통해 표현이 서툰 비장애학생과 특수교육대상학생을 끌어들일 수 있다. 인사는 감정표현의 기본이기에 학급에서 이루어지는 활동이다. 통합학급에서는 특수교육대상학생을 의도적으로 세우기보다는 의식하지 못하게 "얘들아 오늘은 ○○이를 위한 인사를 해볼까?"라고 교사가 지명하거나 학생들로 하여금 이름이 나오도록 하는 방법도 제안한다.

학기 초 교사는 새로운 학생들의 이름을 외우기가 가장 힘들다. 학기 초에 이름을 잘못 불러 생기는 애피소드는 교사라면 누구나 한 번쯤은 경험이 있을 것이다. 특수교육대상학생은 친구들의 이름 외우기를 어려워하는 현상을 발견하곤 한다. 왜 이런 현상이 발생할까 고민을 한 적이 있었는데 해답은 간단했다. 바로 관심을 두지 않았기 때문이었다. 이런 해답을 알게 된 후로는 적응 시간을 활용하여 이름표 만들기, 이름을 재미있게 소개하기, 그림으로 그려 표현하기 등 다양한 표현의 방법 적용하였을 때 친구에 대한 관심과 이름을 외우는 효과를 발견하였다.

특수교육대상학생에게 1인 1역할을 무엇을 주는가? 쉬운 것 아니면 안준다? 3월 초 특수교육대상학생에게 선생님 도우미의 역할을 부여하면 어떤 효과가 있을까요? 선생님 도우미라고 해서 거창한 것은 아니다. 수업 시작 전 해야 할 것을 알려주고 친구들에게 전달하는 역할이다. 학생들에게 교사는 커다란 존재이고 동경하는 대상이기에 선생님 도우미를 서로 하고 싶어하는 성향이 강하기 때문이다.

그럼 왜 3월에 특수교육대상학생에게 이런 역할을 주는 것일까? 바로 학생들에게 관심을 받도록 유도하는 것이기 때문이다. 우리 반에 특수교육대상학생이 있고 우리 반의 학생으로 머릿속에 기억시키기 위한 간접 교육활동인 것이 의도되어 있는 것이다. 이런 역할을 3개월 정도로 역할을 주게 되면 학생들의 관심이 시들어질 때쯤 다시 되살아나는 효과를 맛보게 된다.

Step 2. 개별화 교육지원 협의회

개별화 교육지원 협의회는 통합학급 담임교사에게 매우 중요한 협의회이다. 이 협의회에서는 특수교육대상학생의 장애 정도, 학생의 특성파악, 학교생활에서 주의해야 할 사항을 서로 안내하고 협조하는 시간이다.

예를 들어, 학습, 생활지도, 급식지도, 학생 상담시 주목해야 할 점들이다. 협의회는 통합학급 담임교사, 특수교사, 관리자, 특수교육대상학생의 학부모님이 참석을 하기에 중요한 시간이라고 말하는 것이다. 학부모님은 통합교육과 특수교육에 대한 요구사항을 제시하고 통합학급 담임교사와 특수교사는 이 요구사항을 학급에서 어떻게 운영할지에 대해 고민을 하고 협의를 해야 한다.

이런 중요성을 언급했기에 통합학급 담임교사는 개별화 교육지원 협의회에 참석할 때 가벼운 마음이 아닌 무거운 마음으로 임하게 될 수밖에 없을 것이다. 이 협의회에서는 특수교육대상학생에 대한 개별화 교육계획(IEP)을 확인할 수가 있다.

이 계획 속에는 특수교육대상학생에 대한 자세한 정보와 통합교육지원반에서 이루어지는 교과 활동에 대한 교육내용이 학생의 수준에 맞춰 분석되어 있다. 이를 통해 연간 수업 운영계획과 특수학급에서 이루어지는 체험학습, 프로젝트 학습 등을 살펴볼 수가 있다.

Step 3. 교사간 역할분담

특수교사와 통합학급 담임교사가 서로 협조체제를 갖추어야 한다고 매번 강조하였다. 이제는 서로의 역할에 대한 부분을 살펴보고자 한다. 특수교육지원대상학생은 2명의 담임교사가 있다. 그렇다면 원소속은 어느 학급일까? 바로 통합학급이다. 그럼 반문하는 교사도 있을 것이다. 그렇다면 특수학급이 왜 원소속이 아닌가?

특수교육대상학생은 일반학급에 소속되어 있으며, 특수교사의 도움을 받아 통합교육지원반에서 일부교과를 학습 도움을 지도받는 학생이다. 이에 특수교육대상학생은 2개의 학급에 소속되어 있지만 원소속은 통합학급에 있는 것이다. 이를 뒷받쳐 주는 것이 나이스의 학생 소속이다. 간혹 오해하는 통합학급 담임교사들이 있지만 이를 오해하면 안된다.

담임교사	특수교육지원학생	특수교사
수시	학생 및 학부모 상담	정기 협의회
특수교사 지도 교과 이외의 교과	수업	국어, 수학 위주
나이스 직접 입력	출결	출결 관리 나이스 권한 X
특수교사가 평가 기록한 교과를 정선하여 입력	평가	국어, 수학에 대한 평가기록
학년 및 학급단위 프로그램 필수 참가	체험학습	별도 체험학습계획에 의거하여 참가
해당 권한 있음	학적 및 진급 처리	해당 권한 없음

특수학교에 속한 학생은 일반학교와 마찬가지로 1명의 담임교사를 두지만 통합학급에 속한 특수교육대상학생은 2명의 담임교사를 가지게 되는 것이다. 이런 특수한 경우 때문에 통합학급 담임교사와 특수교사 사이에 특수교육대상학생의 관리 부분에 있어 간혹 충돌이 생기는 경우를 보게 된다. 위에 제시한 표를 통해 서로에 대한 권한 부분을 이해하게 된다면 서로에 대해 깊이 이해하지 않을까?

Step 4. 교우 관계 형성을 위한 수업놀이

특수교육대상학생은 통합학급에서 수업을 받는 시간이 더 많다. 모든 교과수업에서 적극적으로 참여하고 함께 하면 좋지만 그렇지 못한 경우도 간혹 발생하기도 하고 종종 발생하기도 한다. 이런 경우 교우 관계 형성을 높일 수 있는 수업놀이를 적용하면 어떨까?

특수교육대상학생의 장애 정도를 고려한 수업놀이

- **체육:** 신체장애특성을 고려한 수업
  휠체어를 사용하는 학생의 경우 공 주고 받기가 어렵다.
  이런 경우 모두가 바닥에 앉아서 공을 주고 받기로 수업 수정
  술래잡기 속도를 맞추기 위한 쪼그려 앉아 걷기
  신체구조를 고려한 변형된 라켓으로 배드민턴 기능 익히기

- **미술:** 장애인의 날 계기교육을 연계한 수업
  우리반 친구의 모습을 캐리커쳐, 협동화로 그리기,
  색종이로 표현하기
  특수교육대상학생을 중심으로 친구의 모습 표현하기

- **음악:** 모두가 함께하는 연주회
  자신있는 악기를 통한 합주 및 연주회
  함께 부르는 합창으로 통한 한목소리 내기

- **창의적 체험활동:** 친구 관계를 형성할 수 있는 학급 놀이

작은 관심이 통합학급을 하나로 만들고 교사로 하여금 통합교육에 대한 노하우를 쌓아가게 한다. 이는 실패를 두려워하지 않는 도전정신과 학생들을 생각하는 교사의 고민의 흔적인 것이다.

하나 하나 실천하면 달라지는 학급의 모습과
학생들의 행동을 관찰하게 될 것이다.
실천해보고 도전하자!
통합교육은 통합학급 담임교사의 마음에 달렸다.

06. 특수교사와 일반교사의 협력수업 실천하기 1

특수교사와 일반교사가 함께 협력 수업으로 교육과정을 재구성 할 수 있다!

> **통통통 이야기**
>
> 교육부에서 제작하는 장애이해 드라마는 훌륭한 수업 매개체로 활용될 수 있다. 시청으로만 끝내지 말고 일반교육과정 성취기준에 근거한 활동으로 재탄생시키자.

특수교육대상학생이 통합학급에서 배우는 교과 내용을 특수교사와 일반교사가 함께 재구성해보면 어떨까? **장애이해 드라마는 특수교사와 일반교사의 교육과정 재구성 다리를 놓아 줄 수 있다.**

[2020 장애이해 드라마 <거북이 채널> 영상]

매년 4월 20일이 되면 '장애인의 날'을 기념하기 위한 각종 교육 자료와 매체들이 쏟아진다.

하지만 그 시기에 대부분의 일반 중고등학교는 1학기 중간고사를 앞두고 있다. 꼭 정기고사가 아니더라도 평소 교과별로 진도 나가기가 바빠 장애이해 드라마를 일과 시간을 내어 보기란 어렵다. 그렇다면 장애이해 드라마로 교과 공부를 해보면 어떨까? 특수교사와 일반교사가 함께 교육과정 재구성을 하면 가능해진다.

성취기준을 찬찬히 들여다보면 장애이해 드라마를 매개체로 한 수업 활동 개발이 무궁무진하다. 장애이해 드라마를 통해 성취기준과 장애인식개선 두 마리 토끼를 한 번에 잡을 수도 있다. 특히 국어 교과는 매체 관련 성취기준이 많기 때문에 영상 매체로 장애이해 드라마를 시청하면 된다.

특수교사는 드라마를 제작한 의도, 드라마를 보고 난 후 생각과 느낌, 경험 등을 중점적으로 토의하며 수업을 이끌 수 있다. 그리고 국어교사는 교과의 심화적인 내용인 드라마 속의 설득 전략 파악하기, 드라마 비판적으로 분석하기, 드라마 속의 표현 방법 찾기 등을 설명하고 피드백을 제공할 수 있다.

- 내용: 장애이해드라마를 활용한 장애인식개선 및 국어과 성취기준 관련 활동하기

학교	국어과 성취기준
1학년	[9국03-08] 영상이나 인터넷 등의 매체 특성을 고려하여 생각이나 느낌, 경험을 표현한다.
2학년	[9국02-07] 매체에 드러난 다양한 표현 방법과 의도를 평가하며 읽는다.
3학년	[9국01-09] 설득 전략을 비판적으로 분석하며 듣는다.

- 방법: 특수교사와 일반교사(국어과)의 팀티칭

장애이해 드라마를 매개체로 수업을 진행한 중학교 학년별 국어과 성취기준

학생들은 교사들의 협력수업을 통해 협력의 좋은 모델링을 습득할 수 있고, 여러 지식을 연결시켜 융합적 사고를 기를 수도 있다. 뿐만 아니라 특수교육대상학생의 경우, 통합학급에서 협력수업이 진행되는 시기에 특수학급에서는 이와 유사한 특수교육 교육과정의 성취기준을 함께 경험할 수도 있다.

특수교사가 일반교육과정과 기본교육과정의 성취기준을 분석하여 통합학급과 특수학급의 맥락이 통하는 수업을 제공한다면 특수교육대상학생에게 큰 도움이 된다. 기본교육과정 국어과를 살펴보면 '[9국어03-04] 매체를 활용하여 자신의 생각과 느낌을 표현한다. [9국어02-04] 짧은 글을 읽고 주요 대상과 내용을 파악한다. [9국어01-02] 상대방의 이야기를 듣고 주요 내용을 파악한다.'의 성취기준이 있다. 이는 앞선 일반교육과정 성취기준의 사전 또는 사후 수업 활동으로 계획할 수 있다. 일반교육과정과 기본교육과정을 분리하지 말고 함께 펼쳐서 연계되는 수업을 만들어 보자.

07. 특수교사와 일반교사의 협력수업 실천하기 2

**3명의 교사가 함께 하는 스테이션 교수,
Good Bye 스트레스!**

> **통통통 이야기**
>
> 학생들이 역동적으로 참여하는 수업을 진행하기 위해서는 여러 명의 교사가 필요하다. 스테이션을 돌며 배움 미션을 완수하도록 하자.

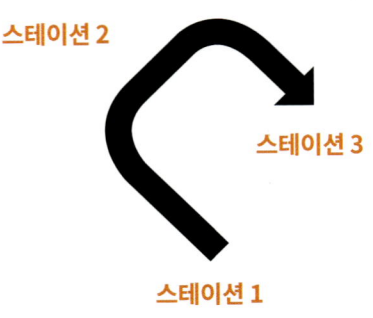

학생들은 3개의 스테이션을 모두 돌아야만 미션을 최종 완료할 수 있다. 각각의 스테이션에서 교사와 함께 미션을 수행하며 스트레스를 해소하는 방법을 익힌다.

[스테이션 교수의 모습]

모든 학교에서는 생명 사랑 주간을 운영하며 학생들의 자살을 예방하고 어려울 때 상담을 요청할 수 있도록 안내한다. 이것을 교실에서 교과 수업과 연계한 게임으로 진행해보자. 중고등학생들의 경우 진지한 이야기를 매우 꺼려하는 경향이 있다. 따로 시간을 내어 최근 어떤 스트레스가 있는지 물어보고 도움을 주려고 해도 일대일로 만나는 것을 부담스러워 하기도 한다. 이는 장애학생, 비장애학생 모두 마찬가지이다. 학생들이 자신의 스트레스를 올바르고 효과적으로 해소할 수 있다면 긍정적인 사고뿐만 아니라 또래 간의 관계 또한 좋아질 것이다.

> [9기가02-07] 청소년기의 스트레스, 분노, 우울증, 중독(흡연, 음주, 약물 등), 자살 등의 발생 배경과 영향을 분석하고 이를 예방 및 해결하는 방안을 탐색하여 신체적, 정서적 건강과 안전을 지키도록 한다.

위 성취기준 활동의 일환으로 가정교사, 특수교사, 상담교사가 스테이션 3개를 마련하고 학생들 또한 3그룹으로 나누어 학생들이 스테이션을 순회하며 미션에 참여할 수 있도록 기획한 사례를 소개하고자 한다.

첫 번째 스테이션에서는 상담교사가 학생들이 현재 가지고 있는 고민에 대해 상담하며 그 원인을 파악하고자 하였고, 두 번째 스테이션에서는 가정교사가 학생들이 사전에 스트레스 해소법으로 제시한 게임, 운동, 음악 감상, 영화 시청 등을 함께 활동하였고, 세 번째 스테이션에서는 특수교사가 학생들에게 스트레스를 혼자 해결하기 어려울 때 도움을 얻을 수 있는 방법을 설명하고, 신체적·정서적 건강을 위해 일상생활에서 실천할 수 있는 것을 함께 찾아보았다.

3명의 교사는 수업을 진행하면서 학생들에게 정서적 지원을 제공하기 위해 노력하였다. 3가지의 미션 활동을 수행한 학생들은 색종이에 현재 자신의 가장 큰 스트레스를 작성한 다음 비행기로 접어 모두 날려 보냈다. 이동이 많은 수업이었음에도 불구하고 3명의 교사가 함께 수업을 진행했기 때문에 분위기가 산만해지지 않고 소외되는 학생 없이 밀도 있는 수업이 이루어졌다. 학생들은 활동적인 수업이 즐거웠고, 선생님이 3명이어서 3배로 공부한 것 같다고 말했다.

상담교사는 위클래스로 먼저 찾아오지 않는 학생들은 만나기가 어려운데 스테이션 수업을 통해 모든 학생들과 눈을 맞추고 이야기 나눈 것이 학생들이 힘들 때 위클래스를 조금 더 쉽게 찾아올 수 있는 용기를 심어준 것 같다고 하였다. 자살 예방에 있어 교내 최고 전문가인 상담교사를 수업에 초청함으로써 가정교과 수업과 연계한 자살 예방교육이 이루어졌다. 의례적인 이론 수업이 아니라 학생들이 직접 자신의 스트레스를 발견하고, 스트레스를 해소하기 위한 방법을 찾아보고 실천하며 단단한 내면의 힘을 기를 수 있었다. 스테이션 교수로 교사 각자의 전문성을 발휘하며 학생들을 한 걸음 더 성장시키는 수업을 만들어보자.

08. 7월과 12월에 교과서를 모으자!

> **통통통 이야기**
>
> 우리 지역 학생의 실태 및 수준을 쉽게 알아볼 수 있는 방법이 있다. 다 쓴 교과서이다. 비장애학생들이 보고 듣고 배운 내용을 기록한 교과서를 꼼꼼히 살펴보자.

다 쓴 교과서는 또 다른 훌륭한 학습자료가 될 수 있다!

특수교육대상학생의 배움활동을 위해 특수교사가 준비할 수 있는 자료는 무궁무진하다. 그런데 다음 학년을 위해 알아야 할 지식이나 교과 관련 내용들을 쉽게 준비할 수 있다. 무엇으로? 선배 학년이 쓰고 남긴 교과서로 알 수 있다.

혹시 7월이나 12월에 교실 밖으로 촘촘히 쌓여있는 교과서를 본 적 있는가?

1학기 동안 혹은 일 년간 열심히 공부한 흔적이 고스란히 묻어나있는 교과서는 우리 특수학급에는 좋은 학습자료가 될 수도 있다. 특히 사회교과서는 특수교육대상학생들에게 큰 도움이 된다. 초등 3학년부터 시작되는 사회교과서는 특성상 '우리' 지역사회에 대한 지식을 요구하기 때문에 질문의 내용에 따른 답을 미리 예상할 수 있는 전 학년도 교과서가 학생들에게 도움이 된다. 여기에서 중요한 것은 교과서를 가지고 올 때 담임선생님의 조언을 통해 상/중/하 수준의 교과서를 구분하여 수집하는 것이 좋다. 보통 우리 학생들의 수준을 파악할 때 교과서를 보고 자신의 교과서에 요구되어지는 답을 쓸 때 이해할 수 있는 정도를 파악하고 최종적으로 선택하여 자료로 제공할 수 있기 때문이다.

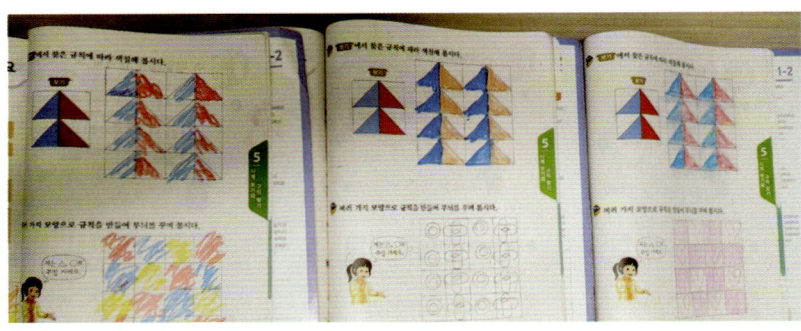

우리 학급에서 수업하는 내용도 철저히 준비할 필요가 있지만 이렇게 통합학급 내에서 학생들이 스스로 자신이 해야 할 일을 수준에 맞게 할 수 있도록 간접적으로 물리적 환경을 마련해주는 일도 특사교사의 몫이다.

또한 다 쓴 교과서를 살펴보면 질문에 조절한 답을 쓰는 활동이외에도 붙임딱지를 활용하여 붙이거나 그림을 그리는 등 자신만의 아이디어를 표현한 모습도 볼 수 있다. 사진 자료도 많아서 우리 학생들이 별도의 과제를 할 때 오려서 사용할 수도 있다.

학생들의 수준을 지나치게 고려하여, 현재 이행수준보다 어려운 수준의 교과서라고 생각하지 말고 할 수 있는 부분을 최대한 살려 학교(급)별 목표로 확인하고 경험할 수 있도록 안내해 보자.

09. 자율동아리로 공동 수확을 경험하자

> **통통통 이야기**
>
> 자율동아리는 우리 학교의 개성있는 통합교육 이야기가 될 수 있다. 교육과정의 부담에서 벗어나 교육과정 외 동아리, 자율동아리를 만들어보자.

학생들의 요구는 통합교육에 있어 놓쳐서는 안 되는 절호의 찬스다!

[요리, 바리스타 활동]

학생들이 주인이 되는 교육은 무엇일까? 자율동아리는 학생들이 본인의 진로와 관심 분야의 체험 중심 활동으로 진행할 수 있다.

하고 싶은 것이 많고, 잘하고 싶은 것은 더 많은 중고등학교 학생들이다. 하지만 매일 빡빡한 학교 수업과 줄지어지는 학원 수업으로 자신이 하고 싶고 잘하고 싶은 것보다 해야 하고 잘해야 하는 것들을 우선순위에 두며 생활한다. 이 때, 교사가 학생들의 요구를 지지해주면 어떨까? 자율동아리 활동은 장애학생과 비장애학생이 통합되어 꿈과 끼를 함께 개발하고 다양한 발표 기회를 가지며 자기 효능감을 높여준다. 학생들에게 정말로 배우고 싶은 것에 대해 물어보자. 그리고 학생들의 모든 이야기에 귀 기울여주자. 방과 후, 주말, 방학을 이용하여 자율동아리 활동을 촘촘하게 계획해보자.

월	활동 영역	활동 내용	비고
3	동아리 구성	• 학생들의 자발성에 기인한 동아리를 편성·운영	통합교육실
4	동아리 기본 다지기	• 역할 배정 및 동아리 활동 일정 수립 • 활동 관련 규칙 정하기 • 요리재료 손질 활동	통합교육실
5	음식 이해	• 식생활의 중요성 인식하기 • 음식의 기능과 효과 이해하기	통합교육실
6	정기 활동	• 각 조의 선호도를 고려한 다양한 요리 활동	통합교육실
7	프로젝트	• 조별로 원하는 음식 선정을 통해 요리 프로젝트 계획 활동	통합교육실
8		• 요리 프로젝트 실습 활동	통합교육실
9	경연 대회	• 조별 요리 활동 경연 대회 예선	가정실
10		• 조별 요리 활동 경연 대회 본선	가정실

통합요리반 자율동아리 연간 활동 계획

중학교 남학생은 자신들의 최대 행복은 맛있는 한 끼를 먹는 것이라고 주장하기에 '통합요리반' 자율동아리를 구성하였다. 생각해보면 우리는 친해지고 싶은 사람이랑 밥 한 끼를 먹고 싶어 한다. 함께 맛있는 음식을 먹는다는 것은 오감을 공유하는 것이고, 추억을 만드는 것이다. 그렇다면 맛있는 한 끼를 함께 준비해서 만들어 먹는다는 것은 어떤 의미일까? **의견을 조율하고, 역할을 분담하며, 서로 협력하여 하나의 공동 수확을 하는 것이다.** 교사가 가르쳐주지 않아도 학생들이 부대끼며 더불어 살아가는 방법을 배우게 된다.

자율동아리 활동의 발표를 통합학급 담임교사와 친구들을 초대하여 맛있는 한 끼를 대접하는 행사로 진행해보자. 따뜻한 음식을 나눠 먹으며 우리만의 특별한 이야기가 시작된다. 자율동아리 운영으로 하나뿐인 우리 학교 통합교육을 실현해보자.

Chap.2 함께 그리는 스케치

통합상식
Dessert
Time 2

지체 장애

누구나 장애가 있다. 불면증으로 늘 피곤할 수 있고 세균이 싫어 공공화장실을 못 쓸 수도 있고 눈이 너무 나빠 안경이 없으면 생활이 어렵기도 하다. 약물과 상담으로 도움을 받고 라식수술로 벗어나듯 장애상황을 개선하는 좀 더 나은 방법을 안다면 교실은 더 행복해질 수 있다.

장애인이란, **신체 일부나 정신적으로 장애가 있어서 일상생활이나 사회생활에 제약을 받는 사람**으로 일반적 정의를 내린다.

등교지도 시간, 마스크를 쓴 선생님과 눈맞춤이 안된다. 안경에 습기가 차서 앞이 보이시는지 물어볼 정도이다. 본인은 얼마나 답답할까?

사실, 우리는 이런 장애를 수도 없이 경험했고 다양한 방식으로 해결하거나 적응해왔다.

라식수술을 하기 전과 후는 정말 하늘과 땅 차이만큼이나 생활이 달라진다. 본다는 것이 얼마나 중요한 기능인지 실감하게 된다.

지체장애에 대해 알아보는 아래 글 속에서 내 학생과 내 능력에서 가능한 방법을 알게 되면 교실 안에서 드라마틱한 변화를 확인하게 될 것이다.

영화 속 지체장애 **나의 왼발** (1989)

아일랜드의 작가 겸 시인, 화가 크리스티 브라운의 인생
(주연 : 다니엘 데이 루이스, 남우주연상 수상)

실화를 바탕으로 한 이 영화의 주인공은 중증 지체장애인이다. 지적장애는 없지만, 신체 중 자신의 의지로 제대로 활용 가능한 부분은 왼발뿐이었다. 왼발 또한 수많은 연습을 통해 활용하는 것이 가능했다.
주인공 크리스티 브라운의 장애를 연기한 다니엘 데이 루이스 배우는 영화 '오아시스'의 문소리 배우와 거의 동급이었다. 역시, 배우는 배우였다. 우리 전공자들이 보아도 구분하기 어려울 정도이니 얼마나 그 특징에 대해 연구를 많이 했을지, 옆에서 안 보아도 그 과정이 짐작이 간다.

영화의 스토리를 따라가면서, 통합교육을 위해 지체장애를 이해해 보자.

1932년 6월,
아일랜드의 수도 더블린에서 가난한 벽돌공 집안의 22명 중 한 아들로 태어났다.
크리스티는 뇌성마비로 태어나서 거의 누워 있는 방식으로 생활하게 된다.

벽돌공인 아버지와 그를 전적으로 지지하는 어머니의 희생으로 인간적으로 존중 받으며 지냈지만, 아픔은 자신의 것이었고 이것을 극복하는 과정에서 수많은 어려움을 만나게 되는데 결국, 진심으로 치료해주던 의사 콜리스박사와 가족들이 있었기에 가능했던 인생이야기를 담고 있다.

거실에 누운 상태로, 동생이 사용하던 분필을 발가락에 끼고 처음, 스스로 MOTHER(엄마)를 쓰는 데 성공하게 된다.
깜짝 놀란 가족이 거실에 모여 쳐다보는 장면은 이 영화의 분기점이 된다.

지체장애 원인 중에서 큰 비중을 차지하는 '뇌성마비'는 뇌의 중심부 중추신경계 손상으로 인한 근육 마비, 협응성 장애, 근육약화, 기타 운동기능에 장애를 일으킨다. 그 중에서도 75% 정도는 '과긴장'의 상태로 근육이 뻣뻣하게 경직되어 있고 움직임이 둔하다.

15~20%는 불수의운동을 가지고 있다.

이는 내가 원하는 운동이 아닌 다른 강도와 방향으로 움직이는 상태로 흔들거리는 형태 등을 보이게 된다.

> **TIP. 불수의근 (不隨意筋) involuntary muscle**
> 내 마음대로 통제할 수 없는 근육을 말한다. 여러 불수의근 중에도 심장과 위장이 그렇다. 심장은 살아있는 동안 운동을 멈추지 않으며, 잠들기 전 야식을 피하라는 이유도 음식물이 들어간 위장은 계속 일을 하고 있는 상태라 편안히 잠들기 어렵기 때문이다.

이후 그는 유일하게 사용할 수 있었던 왼발로 그림을 그리게 된다. 추상화에 가까웠지만, 대회에서 수상할 정도로 인정받게 된다.

> **TIP. 지체장애 학생의 비율**
> 2020년 기준, 지체장애학생은 전체 특수교육대상학생 중 10.4%인 9,928명으로 집계되었다.
> 여러분이 학교에서 만나는 특수교육 대상학생 10명 중에서 1명 정도로 볼 수 있다.

대회 수상으로 신문에도 난 그에게 도움을 줄 의료진이 나타나 당시에는 새로운 시도로 볼 수 있던 재활치료를 제공하게 된다. 이를 통해 발음과 의사소통 능력이 다소 개선되었다.

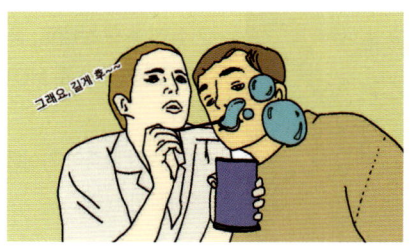

크리스티는 간호사 아일린에게 재활치료를 받게 된다. 그 중에 호흡을 강화하는 활동으로 '비눗방울 불기'를 하고 있다.

의사소통 속에서 나눌 수 있는 요소의 비율로 언어 7%, 억양 38%, 몸짓 55%로 나누는 연구도 있다.

그만큼 시각적이고 청각적인 정보도 메시지를 전달하는 데 중요한 역할을 한다. 중증지체장애의 경우에 대입하면, 의사소통에 상당히 큰 어려움을 예상할 수 있다. 지적인 능력과 상관없이 신경계의 문제로 입 주변의 근육을 제대로 활용하지 못하거나 호흡을 위한 폐 주변의 근육을 통제하기 어려워 말소리를 정확히 낼 수 없는 경우가 많다.

러시아의 오지 여행 중에 휴대전화도 없이 혼자 남게 된다면 어떨까?
게다가 영어도 통하지 않는 곳이라면?

우리에게 남은 선택지는 제스처나 몸짓뿐이다.
하지만, 몸이 불편해서 그것조차 불가능하다면 진짜 큰 어려움에 직면하게 된다.

이와 같이 일상 속에서 지체장애학생에게 필요한 것이 보완대체의사소통이다. 우리는 이것을 줄여서 AAC라고 부른다.

장애의 경우와 상황에 따라, 여러 가지가 있으며 통합교육 현장에서 만날 수 있는 몇 가지를 예로 들어 본다.

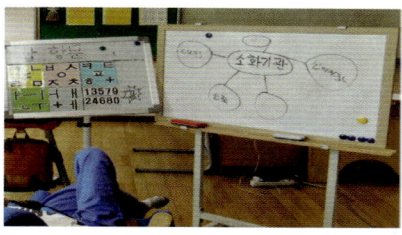

- 눈응시판
  눈동자의 움직임을 보고 어느 글자나 그림을 보는지 확인하는 방식의 AAC

  왼쪽 사진의 경우, 화이트보드에 자석판을 이용해 자음과 모음을 붙여두고 조합하는 방식이다.

- MP3 학습펜
  펜으로 스티커를 지적하면 녹음된 소리가 재생되는 방식의 AAC

  학생이 직접 쥐고 스티커를 지적할 수 있는 경우, 다양한 교재에 스티커를 부착하여 사용할 수 있어 큰 도움이 된다.

그 밖에도 스마트기기용 AAC 애플리케이션과 스위치나 버튼을 누르는 기기 등 셀 수 없이 많은 형태와 기술방식으로 이미 존재하고 있다.

교육청의 예산도 배분되어 있으며 무료대여의 방식으로 사용이 가능하다.

중요한 것은, 학생의 필요에 따라 현장에서 적용하려는 교사의 관심이다.

다문화가정 학생 중에 소통이 어려워 학습적으로 지체되는 결과를 보이는 경우를 짐작할 수 있듯이, 지적장애를 수반하지 않았음에도 소통만의 어려움으로 학업을 포기하지 않도록 교사들의 관심이 필요하다.

영화로 다시 돌아가면,
앞서 비눗방울 불기 등으로 재활치료를 돕던 간호사 아일린에게 이성으로 애정을 느낀 크리스티가 프러포즈를 하지만, 약혼자가 있었던 아일린에게 거절하게 되고 크리스티는 큰 실의에 빠지게 된다.

가족은 어려운 형편 속에서도 그림을 좋아하던 그에게 불편한 거실바닥이 아닌 독립된 작업실을 만들어 주며 기운을 내도록 한다.

또 다른, 지체장애의 큰 어려움 중에
[원시반사]의 지속이 남아 있는 경우를 들 수 있다.

원시반사는 우리 모두 태어날 때부터 가지고 있다가 6개월 내외로 사라진다.

중추신경이 본능적으로 특정 자극에 반응하도록 설계되어 있는 것으로, 영양균형과 깊은 관계가 있는 몇 가지를 예로 살펴보자.

- **물기반사**
  젖꼭지를 무는 반사
  이 반사가 계속 남아 있으면 음식이 아닌 것을 물거나 음식을 씹기 위해 물기와 놓기를 반복하는 활동이 어려울 수 있다.

- **구역반사**
  먹으면 안 되는 음식을 뱉어내는 반사
  이 반사가 지속되면 먹어야 하는 음식조차도 뱉어내게 되어 영양 불균형이 올 수 있다.

- **혀 내밀기반사**

  젖꼭지를 찾듯이 음식을 탐색하는 반사
  이 반사가 계속 사라지지 않으면, 입 근처에
  닿는 것을 혀로 계속 밀어내는 부작용이
  나타날 수 있다.

그리고 지체장애학생에게는 의외의 요소가 있다.

중추신경계의 문제가 있는 뇌성마비의 경우, 감각기능의 어려움으로 시지각문제를 가진 경우가 약 50%로 보고되고 있다.

뇌성마비의 경우, 사시와 같은 눈 근육의 불균형 또는 시야, 예민함 등의 문제를 가지고 있을 수 있다는 얘기이다.

이렇게 시지각기능에 문제를 가진 학생이 여러분의 반에 전학을 오거나, 배치가 된다면 어떻게 해야 할까?

시야문제가 있는 학생이라고 가정하면, 우측시야만 좋은 경우나 그 반대인 경우를 고려하여 책상의 위치를 배려해 줄 필요가 있다.

아래 그림을 보고 경우에 따라 어느 자리에 배치하는 게 좋을지 생각해보자.

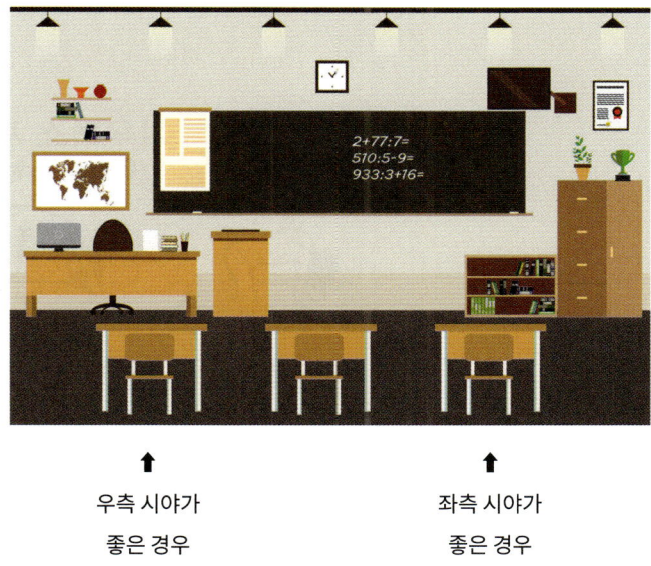

↑ 우측 시야가 좋은 경우   ↑ 좌측 시야가 좋은 경우

그림을 보면, 우측이 잘 보이는 경우에는 좌측에 앉히는 것이 도움이 될 수 있다.

뇌성마비였던 크리스티와 다르게 지체장애에는 다른 여러 가지 원인을 들 수 있다.

그 중에서, 뇌성마비와 다른 이유로 몸이 불편해지는 근이영양증과 이분척추를 상식적으로 알고 있으면 도움이 된다.

근이영양증(progressive muscular dystrophy.PMD)의 대표적인 특징은,

- 중추말초신경 문제없이 근육만의 문제로 발생
- 골격근의 진행성 위축과 근력 저하 발생
- 진행성, 불-난치성, 유전성 질환

간단히, 설명하자면 근육의 단백질이 지방세포로 바뀌는 장애이다.
당연히 힘을 쓰기 어렵게 되고, 말초에서 점점 중심부로 확산되어 심장근육까지 변성되면 사망에도 이를 수 있는 중한 장애이다.
근육약화와 유전적 패턴에 따라 듀센형, 벡커형 등으로 분류하는데, 듀센형은 60%로 2~6세 남아에 많이 발생하며, 근육 보상을 위한 지방조직이 모여 종아리가 굵어지는 '종아리 가성비대'가 관찰된다.
벡커형은 나이가 들어서 진단받을 수도 있는 경우인데, 조기사망이나 지적장애를 유발하지는 않는 것으로 알려져 있다.
아래는 다리에 힘이 빠져 손을 짚고 일어서는 '가우어스 사인'을 나타낸 그림이다.

이분척추(spina bifida.SB)의 대표적인 특징은,

- 태아기 25-48일 사이에 일어나는 신경 발생 장애
- 척추뼈가 완전히 닫히지 않은 상태로 태어남
- 영유아 중 4000 : 1 로 발생

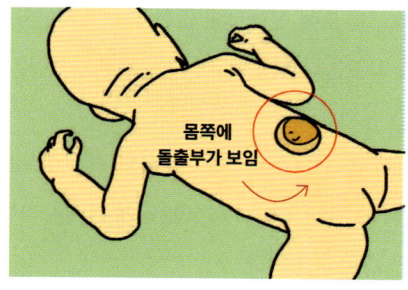

이분척추의 한 예인 **'척수 수막류'**

열린 척추 사이로 척수신경이 척수액과 함께 공 모양으로 돌출되어 보임
이 부분에 충격이 가면 하지마비 등을 일으키게 됨

영화 속에서 크리스티는 약혼자가 있었던 아일린과는 이루어지지 않았지만, 관련 자선단체 활동 중에 메리를 만나게 된다. 메리에게 프러포즈하던 장면은 정말 감동적이다.

영화 제도처럼
한쪽 발만 활용할 수 있었던 그는, 발가락 사이에 꽃을 꽂아 청혼한다.

**이렇게 결혼한 메리와 크리스티는 행복한 결혼생활을 이어가게 된다.
하지만, 안타까운 상황이 발생하게 되는데, 1981년 49세의 나이로 기도에 음식이 걸려 사망하게 된 것이다.
이는 우리 현장에서도 주의해야 하는 일이다.**

지체장애의 경우, 다양한 근육을 제대로 통제하지 못하는 어려움을 가지게 되는데, 식도조임근의 문제를 가진 경우에는 위·식도 역류, 구토, 기침 등에 관심을 주어야 하는 학생도 있다.
필요한 경우, 음식은 조금씩 섭취하도록 하고 간혹, 이로 씹는 저작활동이 곤란해서 죽의 형태로 제공하는 경우를 만날 수도 있다.
가정과의 상담을 통해, 이러한 지원이 필요한 학생이라는 것이 확인되면 안전사고에 노출되지 않도록 필요한 지원을 확인하고 주의깊은 관심을 제공하는 것이 좋다.

통합교육환경에서 만나게 되는 지체장애 학생의 경우는 경증일 확률이 높다.
지적장애를 수반하지 않는 지체장애 학생의 경우, 약간 어눌한 말투와 걸음걸이 등으로 오해를 사기 쉽다.

여기에 담긴 정보를 통해, 운동에 관련한 신경계 손상이나 기능 이상만 있는 경우에는 지적능력이나 사고능력과는 아무런 관련이 없음을 알게 되었을 것이다.

한 학생의 인생을 바꾼 선생님의 사례를 우리는 TV나 다양한 매체를 통해서 종종 만나게 된다. 나 또한, 방황하던 시절에 내게 건네준 따뜻한 수학 선생님의 한 마디가 학업에 관심을 가지게 했었다.
여러분이 하는 말 한마디나 배려가, 또는 비장애학생들에게 하는 장애이해교육이 그런 선택의 갈림길에서 이정표가 될 수도 있다고 생각해보자.

정상적인 팔다리가 없어도 서핑에 도전하는 **닉 부이치치**처럼 '선한 영향력'의 주인공이 되기를 진심으로 기대해 본다.

Chap. 3

이해와 소통의 울타리

통합 교육으로 통하는 통로

통합교육으로 통하는 통로 마주하기

다운로드는? 국립특수교육원 (www.nise.go.kr)
세티넷 (www.setea.net)
시청은? 장애인먼저실천운동본부 (www.wefirst.or.kr)

유투브 채널 장애인먼저실천운동본부
매년 4월16일즈음 오픈

통통통쌤이 알려주는 통합교육으로 통하는 정보

장애이해교육은 곧 나를 이해하는 교육이다!
UDL(UNIVERSAL DESIGN FOR LEARNING), 즉 보편적 학습설계는 장애학생뿐만 아니라 전통적인 학교 환경에서 어려움을 겪는 모든 학생들도 혜택을 받을 수 있도록 교수학습 시스템을 설계하는 접근법이다. 같은 반 장애학생에게 편리한 것은 곧 나에게도 편리함을 제공해 주며 장애이해는 곧 나를 이해하는 것에서 시작된다.

보편적 학습 설계를 통해 장애이해교육에 접근한다면?
꼭 장애이해교육이라고 해서 장애라는 용어에 초점을 맞출 필요는 없다. 평소 우리 생활 주변에서 또는 학교생활에서 불편했던 점을 떠올리며 그것을 개선할 방법을 과제로 제시해 보자. 과제를 해결해 나가는 과정에서 불편함이 해소되면 장벽과 장애가 무너짐을 스스로 느끼게 될 것이다. 예를 들어 자전거를 타고 등교하는 학생이 교문에 설치되어 있는 계단으로 인해 자전거를 매일 들고 올라오는 불편함이 있었다고 가정해 보자. 이 불편함을 해결하기 위해 슬로브 계단을 설치하자는 의견을 냈다면, 휠체어를 타는 장애학생뿐 아니라 자전거로 통학하는 학생, 무거운 짐을 운반하는 해야 하는 분들 등 여러사람들에게 편리성을 제공해 줄 수 있을 것이다.

수업시간, 자연스럽게 이루어지는 장애이해교육을 하고 싶다면?

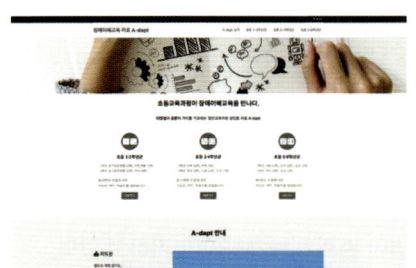

최근 인천광역시남부교육지원청에서 초등교육과정과 연계한 장애인식교육 A-dapt를 제작하여 배포하였다. 1~6학년 29차시로 구성, 지도안, 학습지를 무료로 제공

어뎁트 홈페이지
http://gg.gg/a-dapt 접속하세요.

초등학교 교육과정 성취기준을 재구성한 자료로 평소 수업시간에 재미있는 활동으로 맥락이 이어지는 장애이해교육을 진행할 수 있으니 참고하기 바란다.

01. 그림책을 활용한 장애인식개선교육

> **핵심 레시피**
>
> 그림책을 활용하여 다양한 활동 유형의 장애인식개선교육을 실시해보자. 자연스럽게 다름과 다양성에 대한 이해와 수용이 이루어질 수 있을 것이다.

장애인식개선교육은 법정의무교육으로 각급 학교에서는 학생과 교직원을 대상으로 연 1회 이상의 교육을 시행하도록 규정하고 있다. 장애에 대한 올바른 인식의 형성과 나와 다른 친구에 대한 이해와 수용을 위해 형식적 내용전달이 아닌 다양한 유형의 활동을 기획할 수 있다.

장애인식개선교육의 목적이 장애에 대한 왜곡되거나 편향된 부정적인 인식을 개선하고자 하는 것이라면 **조금 더 넓게는 다양한 특성을 지닌 나와 다른 친구에 대한 올바른 인식과 수용이라 할 수 있을 것**이다. 나와 타인의 소중한 권리와 가치를 이해하고 더불어 사는 사회의 가치와 사고를 확립하는 데 있어 매우 중요한 시기인 유아 및 초등 저학년을 대상으로, 그림책을 활용하여 다른 활동으로 연계·확장한 장애인식개선(이해)교육을 알아보자.

도서를 다양한 활동으로 연계해보자!

도서를 활용한 활동은 기본적으로 내용이 탄탄하다는 장점이 있으나 자칫하면 피상적으로 끝날 수 있다. 그림책을 이용하여 동적인 연계 활동이나 좋아하는 미술 활동을 진행할 경우 흥미를 유지하면서 아이들에게 책의 내용과 의미를 한 번 더 상기시킬 수 있다.

그림책을 활용한 게임활동

'멋진 닭이 될 거야'에는 다양한 병아리들이 등장한다. 키가 작은 병아리, 키가 큰 병아리, 가만히 있으려 해도 자꾸만 움직이는 병아리, 그치려 해도 자꾸만 눈물이 흐르는 병아리, 아빠가 오리인 병아리, 앉아서 뭐든지 할 수 있는 병아리 등.... 다양한 생김새와 환경을 가진 병아리들의 모습을 통해 다름을 뛰어넘는 한 가지, 모두가 소중하고 특별한 존재라는 것을 이야기하고 있다.

- 도서 '멋진 닭이 될 거야'   ■ 에그 스푼(균형 잡기 게임 도구)

책을 읽고 후속 활동으로 신체표현 및 게임활동을 할 수 있는데 먼저 다양한 병아리의 모습, 나는 어떤 병아리인지를 몸으로 표현해보는 것이다. 이후 에그 스푼이라는 교구를 활용하여 릴레이 형식으로 달걀 옮기기 게임을 할 수 있다. 숟가락으로 달걀 모양의 교구를 옮기는데 달걀을 떨어뜨리게 되면 안에 있는 달걀 프라이 모양의 내용물이 나온다. '우리가 힘을 합해 달걀을 잘 옮겨서 멋진 병아리들이 나올 수 있게 도와주자!' 라며 동기를 유발한 후 게임을 실행해보자. 직관적이고 다채로운 색감의 교구는 아이들의 흥미와 집중력을 높일 수 있게 한다.

유아나 초등 저학년의 경우, 경쟁을 강조하기보다는 협력을 경험할 수 있는 유형의 게임을 준비하는 것이 좋다. 팀을 나눠 경쟁하는 것은 학생들의 흥미를 유발하고 참여를 증진하는 데는 효과적일 수 있지만, 자칫 승패의 결과에 따라 비난의 대상을 만들 수 있고 진행되는 상황에 따라서는 참여 의지를 떨어뜨릴 수도 있다. 한 팀이 되어 릴레이로 시간을 단축하는 기록 게임이나 한 가지 목표를 두고 함께 도달하여 성공시키는 유형의 게임으로 진행해보자. 아이들에게 소속감과 협동에 대한 중요성을 더 강하게 느끼게 할 것이다.

'누구나 특별한 친구가 될 수 있다.'

보통 두 팀 이상으로 나뉘는 게임에서 수가 맞지 않을 때, 게임 수준이나 능력이 다른 친구들에 비해 떨어지거나 간혹 어느 한 팀에 속하기에는 실력이 너무 뛰어날 경우 소위 말하는 '깍두기'의 역할을 가지게 된다. 깍두기는 활동 시 실수 하더라도 그냥 넘어가거나 유리한 조건을 주기에 큰 부담 없이 게임에 참여할 수 있고 이러한 이유로 특수교육대상학생에게만 부여하기에 십상이다.

게임이나 신체활동 시 이 역할을 특수교육대상학생에게만 부여하지 말고 모든 아이가 할 기회를 줘 보자. 무작위로 돌아가도 좋다. 아이들은 '깍두기' 역할을 통해 누구라도 다른 이의 도움이나 배려를 받게 될 수 있음을 알게 되며 자연스럽게 서로 돕고 양보하는 마음, 역지사지의 태도를 배울 수 있다. 깍두기라는 옛날 표현 대신 자라는데 특별한 도움이 필요한 '새싹이'라든지 어느 색깔 팀이든 될 수 있다는 의미의 '무지개 친구' 등으로 이름을 색다르게 바꿔 부를 수 있다. 사전에 깍두기의 의미와 역할을 설명하고 아이들과 같이 이름을 지어보는 것도 좋다.

앞서 소개한 '달걀 옮기기 게임'에서는 특수교육대상유아가 숟가락으로 옮기는 것을 다소 어려워해서 몇 번이나 떨어뜨렸는데 컵을 이용하니 조금 더 쉽게 참여할 수 있었다. 이때 특수교육대상유아에게만 컵을 주는 것이 아니라, 일반유아에게도 컵과 숟가락 중 하고 싶은 도구를 선택할 수 있도록 여러 도구를 섞어 자연스럽게 제공해보도록 하자.

미술활동으로 연계한 그림책

▪ 도서 '목짧은 기린 지피'

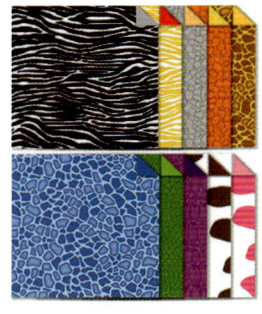

▪ 동물무늬 색종이

'기린' 하면 생각나는 것은 '긴 목'일 것이다. 기다란 목과 큰 키는 기린의 생김새와 특성을 가장 잘 표현하는 상징과도 같다. 이 책의 저자는 목이 짧은 기린 지피를 주인공으로 내세워 나와 조금 다른 것이 잘못된 것도 아니고, 나와 좀 다르다고 해서 잘못 대해서는 안 된다는 것을 말하고 있다.

목이 짧다는 이유로 놀림과 비난을 받고 결국 따돌림을 당하는 지피가 나중에는 초원을 구하는 중요한 역할을 하게 된다. 이 책은 생김새가 다른 동물들이 함께 모여 행복하게 살았다는 것으로 마무리되는데, 코 없는 코끼리, 날씬한 하마, 느림보 치타, 무늬 없는 얼룩말 등 본래 가진 특성과는 조금(많이) 다른 생김새를 가지고 있다.

지피의 이야기를 통해 저자는 세상의 모든 존재는 각자의 역할과 존재 이유가 있으며, 그래서 우리는 모두 특별하고 소중하다는 것을 일깨워준다.

책을 읽은 후 연계한 미술 시간에 다양한 동물을 창의적으로 표현하는 활동을 진행할 수 있는데 이때 시중에 판매하는 동물무늬 색종이와 동물패턴 스티커 등을 제공할 수도 있다.

미술 활동을 한 후에는 자신이 꾸민 동물들을 소개하고 왜 그렇게 표현했는지에 대해 발표하는 시간을 가져보자. 나아가 '다른' 생김새로 인해 어떤 점이 불편할지와 다른 동물들이 어떻게 도울 수 있는지, 혹은 일반적으로 알고 있는 특성에 아닌 이런 다른 생김새를 가진 동물은 어떤 좋은 점(장점이나 강점)이 있을까에 대해서도 함께 이야기 나눠보도록 한다. **다름과 다양성을 표현하고, 또 이에 대해 친구들과 이야기 나누는 활동을 통해 자연스럽게 장애인식개선(이해)교육이 이루어질 수 있다.**

> 도서를 활용한 장애인식개선교육 시 학급 인원수대로 책을 구입한 후 책의 줄거리와 함께 장애인식개선교육에 대한 안내와 정보가 담긴 가정통신문을 첨부하여 가정으로 보내면 부모교육까지 할 수 있다. 이를 위해 장애인식개선 또는 통합교육 활동에 대한 예산을 편성해두는 것이 좋다.
> 이렇게 하면 학생들이 학교에서 선생님과 읽은 책을 가정에 가져가 한 번 더 읽을 수 있을 뿐만 아니라 경험했던 활동에 대해 부모님과 얘기해보는 시간을 가지며, 다양성 그리고 다름에 대한 올바른 인식과 태도를 형성하는 데 도움이 될 수 있다.

02. 장애인식개선을 위한 다양한 시도하기

통통통 이야기

장애인식개선활동은 지정된 날에만 하는 것이 아니라 통합학급 담임선생님과의 대화를 통해 필요한 시점을 확인하고 자연스럽게 교육을 다양한 방법으로 시도하는 것이 좋다.

장애인식개선교육활동은 이렇게 이해하자!

밝고 행복한 교실을 만들기 위해서 학생과 학생 사이에서 서로간의 깊고 친밀적인 **공감대 형성과 포용적인 학급분위기**를 중요하게 생각한다. 그리고 개별화교육계획을 작성하기 위해 학부모 기초조사를 하면 **긍정적인 교우관계**를 희망한다는 의견이 많이 보인다. 이러한 이상적인 학급 환경 아래 비장애학생과 장애학생이 서로 간의 차이를 이해하고 포용하며 긍정적인 관계를 만들어가게 하려면 1년에 2번이상 이루어지는 형식적인 장애인식개선교육도 필요하지만 수업시간 속에서 자연스럽게 장애이해교육이 이루어져야 할 것이다.

장애인식개선교육을 장기간 계획해 본 적이 있는가? 우리 학급에서 교육활동을 자연스럽게 하면서 장애인식개선활동을 할 수 있다면 통합교육을 내실화하는데 큰 도움이 될 수 있다.

특수학급에서 프로젝트학습을 할 때 탐구질문에 따라 특수교육대상학생이 조사활동이나 결과공유를 위해 통합학급의 비장애학생이 함께 어울려 함께 과제해결을 하는 것이다. 그렇게 하면 통합학급 교실에서 릴레이방식으로 배움의 즐거움도 느끼고 장애에 대한 바른 인식과 태도를 갖출 수 있어 수업의 형태로 장애인식개선교육활동이 가능하다. 다음 예시 활동을 함께 보자.

생각 열기-지구환경과 에너지

관련 성취기준
[4국01-02]회의에서 의견을 적극적으로 교환한다.
[6국01-02]의견을 제시하고 함께 조정하며 토의한다.

1단계: 브레인스토밍

아이들과 주제와 관련하여 이야기나누기를 하며 전지에 쓰기활동으로 생각 열기를 한다. 이 때, 배움주제에 대해 학생들이 쉽게 자신의 의견을 말할 수 있도록 배경지식을 충분히 활성화시켜야 한다. 이를 위해 추천하는 것은 그림동화책이다. 그림동화책에는 글로 이해하거나 표현하기 힘든 내용을 독자로 하여금 쉽게 접근할 수 있기 때문이다.

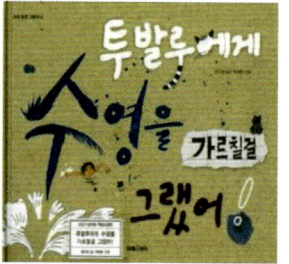

유다정 저 <미래아이출판사>

2단계: 배우고 익히기

각 학년(군)마다 다루는 성취기준은 다르다. 특수학급은 여러 학년이 배치되어 있기 때문에 성취기준 분석은 필수이며 이에 따라 성취기준의 내용이나 영역을 최대한 동일한 맥락에서 설정하여야 한다. 그렇게 하면 수업과정과 평가가 쉽게 이루어진다. 이렇게 차시를 구성해 보자.

4학년		5학년	
차시	내용	차시	내용
1-2	<투발루에서 수영을 가르칠 걸 그랬어>읽기	1-2	<투발루에서 수영을 가르칠 걸 그랬어> 읽고 내용알기
3-4	그림동화책 내용 살펴보기	3-4	시간을 나타내는 말과 서술어 호응 더 배우기
5	독서감상문 쓰기	5	책에 대해 느낀 감정과 생각 댓글 남기기
6	[프로젝트]그림동화책 주인공에게 우리의 뜻을 알리자 프로젝트 계획하기	6-7	[프로젝트]<이제~>주인공을 어떻게 도와주지?: 토의 및 프로젝트 계획하기
7-8	[평가] 작성을 위한 자신의 의견 말하기	8	[에너지를 아껴요]에 대한 나의 생각 표현하기(심화)
9-10	[에너지를 아껴요] 주제 캠페인을 위한 통합학급 디자인 공모전 안내지 만들기	9	[평가]통합학급 친구들에게 보내는 에너지 절약 캠페인 디자인 공모전 홍보지 꾸미기
11	지구환경캠페인을 위한 주제 소개하기	10	공모전 설명 및 응모 작품 모으기
12-3	뱃지 도안 선정을 위해 제출된 공모 작품 전시회 준비 및 전시하기	11-2	캠페인실천을 위한 도안 공모전 전시회 실시하기(평가기록 및 최종안 결정까지)

Chap.3 이해와 소통의 울타리

4학년		5학년	
차시	내용	차시	내용
14	캠페인 활동하기 에너지 절약 챌린지 실천 공약 기록표 기록하기	13	에너지 절약을 위해 내가 실천할 수 있는 일을 기록표로 표현하기
15	에너지 절약 챌린지 실천 후 느낌이나 생각 말하기	14	기록에 대한 방법 알고 실천하기
16	[평가] 에너지 실천을 위해 우리가 할 수 있는 일에 대해 우리반에게 의견 말하고 뱃지 전달하기	15	우리반 친구들에게 에너지 절약 뱃지 전달하며 캠페인실천하기
평가 초점	프로젝트 계획시 나의 의견을 조리 있게 말할 수 있는가?	평가 초점	[에너지를 아껴요]에 대한 나의 생각을 다른 사람과 비교하여 표현하는가?

3단계: 나누기(통합학급 학생들과 함께 나누기)

지구사랑 캠페인 실제 활동 모습

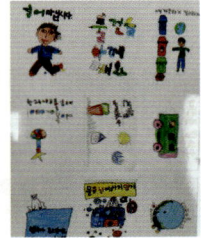

지구사랑 스티커 제작하기

캠페인 활동 시작!!

- 통합학급 속으로 고고!!

- 캠페인 실제

[지구환경과 에너지]라는 프로젝트를 통해, 필자가 강조하려고 했던 부분은 학생 참여주도형 수업으로 통합교육 실현을 위한 공감적 환경 만들기였다. 여기에서 교사의 역할은 첫째, 성취기준 분석을 통한 수업 주제 설정을 하였다. 둘째, 프로젝트 학습활동으로 학생들이 스스로 문제를 인식하고 문제해결과정을 풀어나가는 과정을 유도하였다. 셋째, 비장애학생과 장애학생이 의미있는 결과물을 함께 만들 수 있도록 조력하였다.

이 과정을 통해, 학생 본인들이 스스로 주도해가는 배움의 시간으로 기억하도록 하는 것이 가장 큰 목적이었다면 두 번째는 통합학급 학생들의 긍정적 관심이었다. 특수교육대상학생이 통합학급 친구들 앞에서 어떠한 사회적 문제에 대해 소개하고 그 문제를 학급 친구들과 함께 풀어나가는 시간과 과정을 통해 장애학생과 비장애학생들 모두가 느끼는 바가 있기를 바랐다. 장애학생은 스스로 자신감을 가지고 학급 구성원임을 느낄 수 있도록 하며 비장애학생은 학급 친구를 도와줌으로써 바른 인성을 기를 수 있기를, 그리고 최종적으로 자신들이 함께 만들어낸 결과물을 공유하면서 같은 공감대를 형성해나갈 수 있기를 바랐다.

이번 수업의 결과물은 지구환경을 지키기 위한 캠페인활동이었다. 결과물로 가는 과정에 [뱃지만들기]라는 매개체가 있었다. 이 학습의 결과물이자, 친구들 사이의 공감대를 형성할 수 있는 활동을 구상하고 과정을 엮어나갈 수 있는 매개체를 구체적으로 제안하여 학생과 교사 ― 모두가 즐거운 수업을 만들어 보자!

03. 학교의 인권 지킴단 만들기

> **통통통 이야기**
>
> 창의적 체험활동 동아리 활동으로 학교의 인권교육을 이끌어보자. 학생들이 주도하는 인권교육 활동은 참신하고 기발하기까지 하다.

사제동행 4행시 백일장으로 교사와 학생이 함께 인권 친화적 환경 만들기

학교에서 다양한 장애 인권 교육과 행사를 진행하는 이유는 비장애학생들에게 장애 인권의 중요성에 대해 알리고 이를 일상 속에서 상기하도록 하기 위함이다. 매일을 바쁘게 사는 요즘 중고등학생들에게 장애 인권이라는 주제를 무겁거나 어렵게 제시하기보다는 가볍고 쉽게, 그리고 재미있게 접할 수 있도록 하는 것이 좋다. 창의적 체험활동 <인권 탐구반> 동아리에서는 교사와 학생이 함께 참여할 수 있는 4행시 백일장을 개최하였다. <인권 탐구반> 동아리 학생들이 직접 아이디어를 내서 진행한 행사이기 때문에 학생들에게 자연스럽게 홍보가 되어 많은 참여를 이끌었고, 교사가 함께 한다는 점에서 매우 흥미롭고 의미 있는 시간이었다. 분량이 많은 글을 쓰게 하는 것보다 짧은 3행시, 4행시 짓기가 부담이 없다. 다음은 '장애 이해'와 '장애 인권'의 4행시 표어로 실시한 백일장의 최우수작이다.

[장애 이해 4행시 학생 최우수작]

장 장애인들과 함께 생활하는 것은 많은
애 애로사항이 있을 것이라고 편견을 지닌 사람이 있다.
이 이해하려는 노력을
해 해보지도 않은 채 말이다. 장애인과 함께 생활하는 것은 불편하지 않다. 다만 불편할 것이라는 쓸데없는 걱정만 있을 뿐이다.

[장애 인권 4행시 교사 최우수작]

장 장마가 오면 내가
애 애지중지하는 가방이 젖을까봐 싫다.
인 인생을 살면서 내 것을 잃을까봐, 놓칠까봐 불안해한다. 나의
권 권리는 그렇게도 주장하면서 타인의 권리에 대해서는 한번 생각해 본적이 있었나 되돌아본다.

배리어 프리 영화로 여가 시간 보내기

최근에는 학교 현관 입구나 복도 곳곳에 디지털 액자가 비치되어 다양한 정보를 안내해준다. 학교의 디지털 액자로 배리어 프리 영화를 상영해서 학생들이 건강하고 알찬 여가 시간을 보낼 수 있도록 하자. 배리어 프리 영화란 장애인도 함께 즐길 수 있는 영화로 청각 장애인을 위한 자막과 시각 장애인을 위한 음성 해설이 들어가 있는 영화를 말한다. <인권 탐구반> 동아리에서 해당 영화를 소개하는 팸플릿을 사전에 제작해서 학생들에게 배부하고 상영 시간표를 안내한다.

교내 디지털 액자를 음소거한 채 청각 장애인을 위한 배리어 프리 영화를 상영한다면 시끄러운 복도에서도 쉬는 시간과 점심 시간에 학생들은 단편 영화를 한 편 감상할 수 있다. 더불어 청각장애인의 영화 감상법도 간접 경험하는 기회를 가질 수 있다. **교내 인권 동아리 활동은 통합교육의 든든한 학생 인권지킴단을 만들어준다.**

> **TIP. 배리어 프리** (barrier free)
> 고령자나 장애인들도 살기 좋은 사회를 만들기 위해 물리적·제도적 장벽을 허물자는 운동이다. 최근에는 건축이나 도로·공공시설 등과 같은 물리적 배리어 프리뿐 아니라 자격·시험 등을 제한하는 제도적, 법률적 장벽을 비롯해 각종 차별과 편견, 나아가 장애인이나 노인에 대해 사회가 가지는 마음의 벽까지 허물자는 운동의 의미로 확대 사용된다.
>
> [출처 : 네이버 지식백과]

04. 365일, 매일 조금씩 장애 인권 지수를 높이자

> **통통통 이야기**
>
> 장애인식개선은 하루 아침에 일어나지 않는다. 일상 속에서 장애 인권에 대해 고민할 수 있도록 매일 조금씩 스며드는 활동을 기획하도록 하자.

이벤트를 자주 개최해서 장애 인권에 대한 관심을 갖도록 만들자!

장애 인권이라는 주제는 사실 매우 딱딱하다. 우리가 꼭 알아야 하는 필요한 내용이지만, 자기 주장이 확실한 중고등학생들에게 억지로 주입식 교육을 할 수는 없는 노릇이다. 그렇다면 학생들이 좋아할 만한 방법을 찾아서 자연스럽게 관심을 유도해보자. 시나브로, 자신도 모르게 조금씩 장애 인권에 젖어갈 수 있는 활동을 해보자.

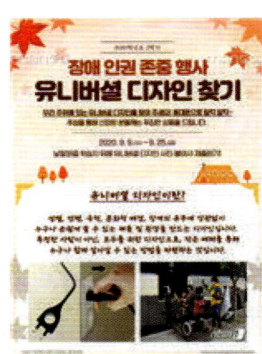

월별 장애 인권 행사 포스터 사진

학생들은 아주 작은 선물이더라도 상품이 제공된다고 하면 2배 이상 높은 참여율을 보인다. 늘 경쟁하는 생활을 하기 때문에 행사를 개최할 때는 가급적 참여한 모든 학생에게 보상을 제공하는 것이 좋다. 때로는 그것이 말 한마디인 칭찬일지라도 말이다. 부득이하게 일부에게만 상품을 제공해야 한다면 가장 잘한 학생, 모두 맞춘 학생을 찾기보다는 가장 많이 참여한 학급, 서로 협력하여 참여한 학급을 선택하자. 이러한 교사의 작은 행동이 학급의 학생들에게 공동체 의식을 형성해 줄 수 있다. '같이'의 가치를 느끼도록 하자.

특수학급을 학교 공식 놀이터로 만들자

특수학급을 밝고 따뜻한 공간임을 알려주는 것도 중요하다. 환경이 주는 영향과 분위기는 매우 크기 때문이다. 비장애학생들은 특수학급에 별로 관심이 없을 것 같지만 의외로 대다수의 학생들은 특수학급은 어떻게 되어 있고, 특수교육대상학생은 이 곳에서 무엇을 어떻게 배우는지를 궁금해한다. 특수학급을 예쁘게 꾸미고 재미

있는 놀이를 할 수 있도록 정비해두자. 쉬는 시간, 점심 시간, 방과 후 시간의 학교 공식 놀이터로 제공하여 학생들이 편하게 소통할 수 있는 공간을 조성하자.

사실 학생들은 교사의 수업과 설명보다 자신들이 부대껴 놀며 시간을 보내면서 장애학생들을 더 이해하게 되고 편견 없이 대한다. 맛있는 간식을 먹으면서, 새로 나온 보드게임을 함께 하며 장애학생들은 사회적 규칙을 익히고 또래 문화를 경험할 수 있다. **인위적인 교육이 아니라 마치 하루 일과와 같은 어울림 속에서 장애학생과 비장애학생의 우정은 형성된다.**

쉬는 시간과 점심 시간은 특수학급이 가장 북적이는 시간이다.

"선생님, 저도 공부 어려운데 특수학급에서 공부하면 안 돼요?" 라는 말은 특수학급이 머물고 싶은 공간이라는 최고의 찬사이다.

교직원들에게도 다르지 않다. 교실 속 교사가 장애학생을 어떻게 바라보고 대하는지는 비장애학생들의 장애학생에 대한 태도에 많은 영향을 미친다. 지친 교직원들도 언제든지 쉼터로 찾아올 수 있도록 하자. 학교에서 여건이 된다면 진로와 직업 교과 시간 중 일주일에 1시간 정도는 학급 카페를 운영하는 것도 좋다. 만약 그것이 어렵다면 점심 시간이나 방과 후를 활용할 수 있다. 특수교육대상학생들의 갈고 닦은 바리스타 실력, 베이킹 실력, 그리고 멋진 미소와 따뜻한 인성을 보여줄 수 있는 절호의 찬스다. 뿐만 아니라 통합교육에 공감하는 든든한 구성원을 한 명 더 얻을 수 있다.

특수학급 학습결과물을 나누자

학습 결과물을 이용한 카페 활동

장애학생들이 **특수학급에서 실시한 프로젝트 수업의 결과물, 진로 체험 활동의 결과물** 등을 비장애학생과 교직원에게 선물할 수 있다.

간혹 특수교육대상학생은 도움을 받는 입장이며 항상 챙겨줘야 한다는 고정관념을 가진 학생들도 있다. 이럴 때는 장애학생들이 비장애학생들보다 잘하는 강점을 보여주는 것도 좋다. 만약 이것이 학습 결과물로 제작될 수 있다면 나누자. 그리고 만약 비장애학생들이 관심을 가지고 해보고 싶어 한다면 기회를 만들어주자. 장애학생이 일일교사가 되어 진행한다면 장애학생의 자존감까지 향상시킬 수 있을 것이다. 역통합을 통해 비장애학생들은 열린 사고를 가질 수 있다.

특수교육대상학생이 소속된 학급에 수업이 없는 교사들도 특수학급 학습 결과물을 보면 깜짝 놀라곤 한다. 시간만 충분히 주어지면 혼자 선택해서 스스로 해낼 수 있다는 사실을 그제서야 알게 되었다고 한다. 어떤 교사들은 다음에 특수학급 수업에 초대해 줄 수 있냐고 묻는 적극적인 모습을 보이기도 한다. 매달 교직원 대상으로 장애인식개선을 위한 형식적인 연수를 진행할 수는 없지만, 평소 특수학급의 존재를 인식시키고 특수학급을 긍정적으로 바라보게 할 수는 있다.

365일 매일 모두에게 열린 공간으로서의, 그리고 나눔 공간으로서의 특수학급은 모르는 사이에 조금씩 조금씩 학교 전체의 장애인권 지수를 높여줄 것이다.

05. 전문적 학습 공동체 운영을 통해 정기적으로 소통하기

> **통통통 이야기**
>
> 바쁜 학교생활 속에서 통합교육을 위한 협력을 시간 내어 고민하기란 쉽지 않다. 통합학급 담임교사와 함께 전문적 학습공동체를 만들어서 정기적으로 소통하자!

특수교육대상학생의 통합교육 지원을 위해서는 통합학급 담임교사와 특수교사가 협력하는 시간이 지속적으로 필요하다. 하지만 학교에 출근해서 이제 숨을 좀 돌리겠다 싶으면 어느새 퇴근 시간이 되어 있다. 요즘은 교사들이 서로의 수업, 생활지도에 대한 생각을 나누며 함께 성찰하며 성장할 수 있도록 지원하는 전문적 학습공동체 제도가 있다. 전문적 학습공동체는 근무시간 내 머리를 맞대며 학생들의 자발적인 배움을 이끌어내기 위해 고민한다. 통합학급 담임교사와 함께 협력할 수 있는 알차고 의미 있는 전문적 학습공동체를 운영해서 정기적으로 소통하는 시간을 만들어보자.

통합교육 공동체의 핵심 구성원을 모으자!

학교라는 조직 속에서 특수교육대상학생과 더 많이 소통해야 하고, 밀접한 관계를 유지해야 하는 구성원들이 있다. 통합학급 담임교사는 물론이거니와 일반 교과교사, 보건교사, 상담교사 등이 포함될 수 있다. 일반학교에서는 특수교육대상학생이 특수학급뿐만 아니라 일반학급에서, 모든 공간에서 안정감을 느끼고 즐겁게 생활할 수 있어야 한다. 딱딱하고 의무적인 성격을 지닌 IEP 회의만으로는 특수교육대상학생을 지원하는 것에 한계가 있다. 우리는 회의라고 하면 마치 꼭 결론을 내려야 할 것만 같고 함부로 나의 의견을 꺼내면 안 될 것 같은 압박감을 가지고 있기 때문이다. 마음 맞는 선생님들과 더 가볍게, 더 자주 만날 수 있도록 통합교육을 주제로 하는 전문적 학습공동체를 시작하자.

특수학급을 힐링의 공간으로 만들자

통합교육은 단순한 물리적 통합을 넘어 사회적 통합, 교육과정적 통합이 이루어져야 한다. 하지만 많은 특수교육대상학생이 단순한 물리적 통합에 그치고 있다. 또래와의 별다른 교류도 없이 혼자 생활하고, 알아 듣기 어려운 수업에 앉아만 있기도 한다. 특수교육대상학생을 위한, 아니 모든 학생을 위한 수업과 활동들을 함께 고민해보면 어떨까? **보편적 학습설계는 특수교육대상학생뿐만 아니라 다문화 학생, 학업 성취가 낮은 학생, 주의집중에 어려움이 있는 학생 모두에게 효과적인 배움을 줄**

수 있을 것이다. 이를 위해서는 단 회기 짧게 회의해서는 안 된다. 꾸준히 지속적으로 시간을 내어 소통하며 교류하며 좋은 방법을 찾아야 한다.

구성원들이 통합교육 전문적 학습공동체의 필요성을 이해한다면 모임의 목적에 공감할 수 있을 것이다. 목적이 분명한 모임은 쉽게 흩어지거나 해체되지 않는다.

교사별 수업 시간표를 확인해서 모두가 만날 수 있는 공강 시간을 확보하자. 미리 모이는 요일과 시간을 정해서 다른 일은 제쳐두고 전문적 학습공동체에 참여할 수 있는 여건을 마련해야 한다. 요즘은 전문적 학습공동체의 출결이 매우 엄격한데, 이것은 우리의 협력을 뒷받침해주는 엄청난 힘이 되기도 한다.

그리고 마음 편히 이야기를 나눌 수 있는 공간을 만들자. 교무실은 여러 교사가 지나다니고 인터폰 소리가 쉴 새 없이 울리기 때문에 모임에 집중하기가 어렵다. 특수학급을 전문적 학습공동체의 공간으로 활용하며 자연스럽게 특수교육대상학생의 수업 결과물을 공유하고, 학습 및 학교 생활에 대한 이야기를 시작하는 것도 좋은 방법이다.

무엇보다 중요한 것은 교사들의 동료성이다. 교사들끼리의 관계가 돈독하고 서로를 이해하고 있어야 의견을 내고 아이디어를 조직화할 수 있기 때문이다. 또한, 서로가 끈끈하면 전문적 학습공동체가 일이 아니라 하나의 힐링으로 자리매김할 수 있다. 이를 위해서 서로 역할 분담을 해서 모임에 기여할 수 있도록 하자.

○ 기본 사항

학교	○○중학교	학습공동체 명칭	함께 걸음
운영 영역	학생참여수업	학습공동체 형태	범교과형
운영 주제	통합교육 팀티칭	연수 형태	직무연수

연번	성명	학년	교과(중등)	역할	비고
1	○○○	3	특수(국어)	대표	
2	○○○	3	가정	총무	
3	○○○	1, 2, 3	상담	자료 제작	
4	○○○	1, 3	수학	출석 관리	
5	○○○	2, 3	미술	일정 관리	
6	○○○	2, 3	영어	회의록 작성	

전문적 학습공동체 내의 역할 분담으로 모두가 중요한 구성원임을 인식할 수 있도록 한다. 각자의 역할이 있어야 공동체에 대한 소속감을 느낄 수 있다는 것을 잊지 말자.

전문성을 바탕으로 성장하자

전문적 학습공동체에서 한 해 동안 주력해서 시도할 내용을 설정하자. **천리길도 한걸음부터라고 처음부터 너무 많은 욕심을 내는 것보다는 큰 부담을 가지지 않고, 함께 즐겁게 협력하는 경험을 갖는 것이 중요하다.** 협력의 재미와 보람을 느낀 교사는 그 다음 해에도 계속해서 전문적 학습공등체의 핵심 멤버로 남기 때문이다.

일반교사가 당연히 특수교육대상학생을 고려해서 수업을 설계하고 진행해야 하듯, 모든 학생들을 위한 보편적 학습을 위해서는 특수교사 또한 비장애학생들을 위한 수업 활동과 자료들을 함께 만드는 것이 필요하다. 특수교사의 강점을 살려 개별적 지원이 필요한 학생들의 수준에 맞는 방법을 제시하고 개발할 수 있다. 학생들을 나누고 구분짓지 말고 전교생이 나의 학생이라고 여기자.

모든 학생들에게 적용하기 용이한 보드게임을 적용한 학생 중심 수업 활동 개발, 인기 많은 드라마나 영화를 매개체로 한 동기유발 자료 제작 등 해당 학교에 가장 필요한 내용을 정하자. 이를 위해 함께 연수를 듣고 책을 읽으며 공부하고 교실 현장에서 실천하자. 그리고 전문적 학습공동체와 실천한 내용을 나누며 학생들의 배움에 대해 토의하자. 학생들의 성장만큼 교사들도 성장한 모습을 발견할 수 있을 것이다.

06. 2명이 함께 해서 2배로 행복한 협력교수를 설계하자

협력을 위한 무게중심 기억하기

> **통통통 이야기**
>
> 사회적 통합을 위한 인권교육은 한 두 시간에 걸친 특강이 아니라 평소 수업 시간에 끊임없이 배우고 느낄 수 있어야 한다. 교육과정 속 장애인권교육을 위해 일반교사와 특수교사의 협력을 시작해보자.

협력적 접근은 두 명 이상의 교사가 상대방의 전문직에 대한 자율성과 다양성을 인정하고, 나아가 서로의 흥미나 의견을 존중하며 함께 공동의 목표를 이루어 나가는 것을 의미한다.[6] 이를 위해서는 서로 책임감을 가지고 교수 설계부터 교수 실행에 이르기까지 교육과 관련된 모든 업무를 함께 수행해야 한다. 누군가의 주도가 아닌 서로의 조율이 될 수 있도록 다음의 협력적 요소[7]를 고려하자.

1. 공통의 목표를 설정하자.

학습지도과 생활지도에 있어 공통의 목표와 철학을 지녀야 한다. 만약 서로 다른 생각을 지니고 있어 가고자 하는 방향이 다르다면 충분한 소통을 통해 가장 기대하는 교육적 효과가 무엇인지 우선순위를 선정해야 한다.

2. 교사 간의 동등성을 유지하자.

각 교사의 노력이 동등한 가치를 지니며, 의사결정에서도 동등한 권한을 가지는 것이 필요하다. 지속적인 협력을 위해서는 일반교사와 특수교사 둘 중 어느 한 명이 더 많은 역할을 수행하거나 부담을 가져서는 안 된다.

3. 결과에 대한 책무성을 공유하자.

협력적 활동의 모든 결과는 성패에 상관없이 서로 책임을 공유해야 한다. 이를 통해 부족했던 점을 돌아보고, 앞으로 더 발전시킬 방향을 찾을 수 있기 때문이다.

4. 자원을 공유하자.

학생들이 가정, 통합학급, 특수학급에서 보이는 학습 및 행동 특성, 개별적인 수업 지원 내용, 지도에 사용한 자료 등을 공유하여 체계적이고 일관성 있는 교육을 제공할 수 있다.

---

6) 특수교육학 개론(이미숙 외, 2013) - 학지사 p. 235-236 재인용
7) 특수교육학 개론(이미숙 외, 2013) - 학지사 p. 241 재인용

우리에게 꼭 맞는 협력 교수[8]를 선택하자

협력 교수는 두 명 이상의 교사가 한 교실 공간에서 다양한 학생들에게 교수를 제공하는 것이다. 협력 교수는 5가지 유형이 있는데 수업 상황과 내용에 따라 적이하게 선택하면 된다.

1. 일교수일지원

일교수일지원은 한 수업에 두 교사가 참여하여 한 교사는 수업을 주도적으로 이끌고, 다른 교사는 돌아다니며 도움이 필요한 학생들을 지원한다. 수업을 보조하는 교사가 항상 보조하는 역할로 고정되어서는 안 되며 필요에 따라 역할을 바꾸어 수업의 효율성을 높여야 한다.

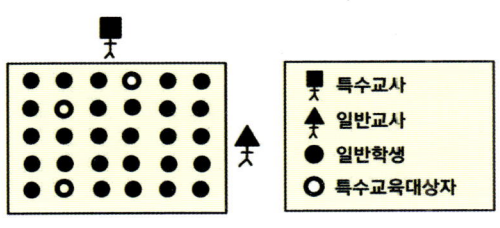

일교수일지원의 모습

영어 수업 시간에 한 교사는 문법 규칙에 대해 설명하고, 다른 한 교사는 학생들이 설명을 듣고 만든 문장을 피드백 해줄 수 있다.

2. 스테이션교수

스테이션교수는 한 교실에서 학생들을 두 집단 이상으로 나누어 수업을 진행한다. 두 교사는 각각 다른 부분의 수업을 진행하고, 학생들은 교사의 수업을 듣기 위해 마치 역처럼 옮겨 다니며 배운다. 수업에 따라 집단을 세 집단으로 나누어 두 개의 집단은 일반교사와 특수교사가 담당하고, 하나의 집단은 교사 없이 학생들 스스로 과제를 수행하도록 할 수 있다.

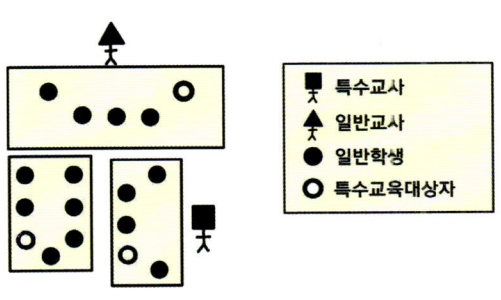

스테이션교수의 모습

역사 수업 시간에 세 개의 스테이션을 만들어 첫 번째 스테이션에는 일반교사가 조선시대의 정치, 두 번째 스테이션에서는 특수교사가 조선시대의 경제, 세 번째 스테이션에서는 학생들 스스로 조선시대의 문화에 대한 퀴즈를 풀고 정답을 확인하며 조선시대에 대한 학습을 정리할 수 있다.

---

[8] 특수교육학(정대영, 2011) - 창지사 p. 64-65 재인용

3. 평행(병행)교수

평행(병행)교수는 한 학급을 두 개의 이질집단으로 구성하여 두 교사가 각각 하나의 집단을 맡아 같은 내용으로 수업을 진행한다. 두 교사가 동일한 내용을 가르치기 위해 많은 노력이 요구되나, 교사 대 학생의 비율을 낮출 수 있는 장점이 있기 때문에 학생들이 안전에 유의하며 실습 활동을 해야 할 때 유용하다.

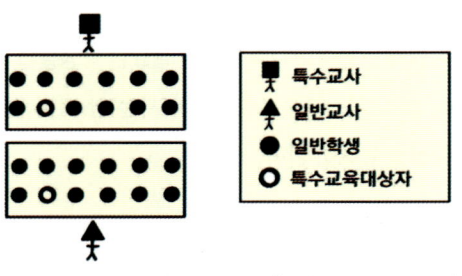

평행(병행)교수의 모습

과학 수업 시간에 학생들을 2개의 집단으로 나누어 일반교사와 특수교사는 각각 자신이 맡은 집단의 실험 활동을 위해 안전교육하며 지도할 수 있다.

4. 대안교수

대안교수는 한 교사는 대집단 학생들을 대상으로 수업을 진행하고, 다른 한 교사는 소집단 학생들을 지도한다. 소집단에서는 보충학습 또는 심화학습을 제공할 수 있다. 이 때 특수교육대상학생이 항상 소집단에 배치되지 않도록 유의해야 하며, 학급 내의 모든 학생들이 주기적으로 소집단에 참여할 수 있도록 구성해야 한다.

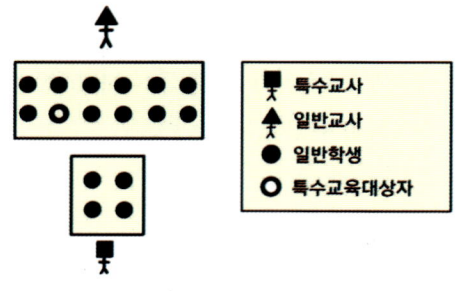

대안교수의 모습

음악 수업 시간에 한 교사는 대집단 학생들을 대상으로 2부 합창지도를 하고, 다른 한 교사는 지난 시간에 배운 노래 가창을 어려워하는 학생들을 모아 따로 보충지도를 할 수 있다.

5. 팀티칭

팀티칭은 두 교사가 높은 전문적 신뢰와 책임을 바탕으로 상호작용하면서 교수적 활동을 동등하게 공유한다. 팀티칭에서는 한 교사가 수업을 진행하는 동안, 다른 교사는 칠판에 판서를 하며 수업시간을 보다 효율적으로 사용할 수 있다. 또한, 교사들이 시범을 보여주거나 역할놀이 활동을 할 때에 효과적이다.

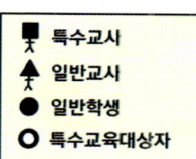

팀티칭의 모습

체육 수업 시간에 한 교사가 스포츠 스태킹의 규칙에 대해 설명하는 동안, 다른 교사는 학생들에게 컵을 나누어 줄 수 있다. 그리고 두 명의 교사가 각각 올바른 스포츠스태킹 참여 방법과 잘못된 스포츠 스태킹 참여 방법을 보여주며 설명할 수 있다.

협력 교수의 연결고리를 만들자

일반교사와 특수교사의 정기적이고 긍정적인 상호작용은 다양한 정보를 교환할 수 있는 밑거름이 되며, 교육 목적을 달성할 수 있도록 하는 힘이 된다.

협력 교수를 처음 시도할 때는 협력 수업을 설계하는 것이 어려울 수 밖에 없다. 이럴 때는 교과 성취기준을 인쇄한 다음 장애 인권적 요소를 더할 수 있는 성취기준을 추출해보자.

[9사(일사)01-03] 사회집단의 의미를 이해하고, 사회집단에서 나타나는 차별과 갈등의 사례와 이에 대한 해결 방안을 탐구한다.

위 성취기준 수업이 진행될 때 특수교사는 장애인에 대한 차별 사례를 설명하고 이를 위한 해결 방안을 학생들과 함께 찾아볼 수 있다. 학생들은 중증장애인의 서비스 접근을 보장하지 않는 것 또한 차별이며, 중증장애인들의 경우 의사표현에 어려움이 있기 때문에 국가적으로 지원할 수 있는 복지 정책이 마련되어야 함을 주장하였다.

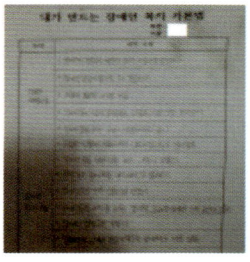
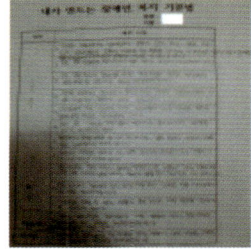

학생들이 만든 장애인 복지 기본법 자료

한 학생은 의료와 재활치료 영역에 있어 장애인들이 위급한 상황을 마주했을 때 치료사에게 신호를 보낼 수 있는 센서를 국가에서 등록하여 제공하는 것의 필요성을 제시하였다.

최근 연결 지능이라는 말을 많이 사용한다. 앞으로는 지식을 가치와 의미에 결합시키는 능력이 요구되기 때문이다. 과목과 과목의 연결, 과목과 과목의 협력, 장애학생과 비장애학생의 연결, 장애학생과 비장애학생의 협력은 일반교사와 특수교사의 협력 수업에서 가능해진다. 팀워크를 중요시한 헨리 포드는 다음과 같은 말을 남겼다. 통합교육 현장에 있는 모든 교사들이 마음에 새기면 좋겠다.

> **같이 모이는 것은 시작을 의미한다. 같이 협력해서 일하는 것은 성공을 의미한다.**
>
> — 미국 포드 자동차 창업자 헨리 포드 —

07. 통합학급 대화의 날을 매달 정기적으로 운영하기

> **통통통 이야기**
>
> 말하지 않으면 상대방은 내 마음을 알지 못한다. 작은 갈등이 통합의 장벽이 되지 않도록 또래 간 소통할 수 있는 시간을 마련하자.

소통의 부재는 때때로 오해를 불러일으킨다. 이는 성인들도 대부분 경험해 보았을 어려움이다. 오해가 생기는 것을 예방하기 위해 사전에 서로에 대해 충분히 이해할 수 있는 시간을 만들어주자. 그리고 만약 또래 간 갈등이 생겼다면 함께 대화하며 방법을 찾아보자. 매달 통합학급 구성원들과 허심탄회하게 속마음을 나눌 수 있는 시간이 필요하다.

매달 대화의 날이 기다려지도록 즐거움을 만들자!

'통합학급 대화의 날' 활동 장면

학생들이 대화의 날이 반드시 어떠한 문제를 해결하는 어려운 자리가 아니도록 느끼게 해주어야 한다. 대화의 날을 운영하는 가장 큰 목적은 장애학생과 비장애학생이 서로를 더 잘 이해하고 어울리기 위함이기 때문에 소소한 즐거움을 나누는 것 또한 매우 중요하다.

통합학급 아하! 공감 경험 쌓기

대화의 날에는 장애학생뿐만 아니라 비장애학생, 통합학급 담임교사, 특수교사 등 대화의 날에 참여하는 구성원들에 대한 관련 퀴즈를 출제하여 참여를 높여 보자. 퀴즈 문제는 장애학생과 비장애학생이 함께 쉬는 시간과 점심 시간을 활용하여 준비하도록 교사는 촉진만 제공하자. 대화의 날 운영의 주체를 학생들에게 넘기는 것이다.

하루종일 한 교실에서 생활하는 구성원들에 대해 서로 과연 얼마나 알고 있을까?

일상을 함께 보내지만 정작 퀴즈를 풀려고 하면 그동안 서로에 대해 많이 알지 못했다는 것을 느끼게 된다. "통합학급 담임교사가 교실에서 가장 좋아하는 것은 무엇일까요?", "비장애학생 OO이가 요즘 제일 재밌게 시청하는 드라마는 무엇일까요?", "장애학생 OO이가 주말에 자주 배달시켜 먹는 음식은 무엇일까요?", "특수교사가 두 번째로 좋아하는 최신 노래는 무엇일까요?" 등의 가벼운 질문을 통해 관심사를 공유하며 공감하고 공감받는 경험을 가질 수 있도록 한다. 퀴즈 정답을 맞춘 학생은 사전에 주최 학생들이 준비한 상품을 받게 된다. 이 때, 장애학생이 상품을 나눠줄 수 있도록 하자. **자연스러운 접촉은 친밀감을 형성해주어 더욱 가까운 사이로 만들어주기 때문이다.** 퀴즈를 풀고 나면 학생들은 OO이에 대해 새롭게 알게 된 것이 많다고 이야기한다.

학기 초에 장애이해교육을 실시하는 이유는 비장애학생들이 장애학생의 특성을 알고, 서로의 차이를 배려하고 존중할 수 있도록 하기 위함이다. 하지만 장애학생의 통합을 위해서는 장애학생 역시 비장애학생을 이해해야 한다. 비장애학생이 어떤 것을 좋아하고, 어떤 것을 싫어하는지 알아야 불필요한 실수를 하지 않을 수 있기 때문이다. **PPT로 딱딱하게 진행하는 장애이해교육보다 자연스러운 퀴즈 게임 형태가 학생들에게 수업이 아닌 놀이로 다가감으로써 높은 호응을 얻을 수 있다.**

위기를 새로운 기회로 만들자

함께 소통하는 시간이 많아져서 잘만 지내면 참으로 좋겠지만 가까워질수록 친해질수록 갈등은 생기기 마련이다. 하지만 비 온 뒤에 땅이 굳는다고 했던가. 이 갈등의 위기를 기회로 잘 활용하면 관계는 더욱 두터워질 수 있다. 대화의 날 속마음 대화 시간에 그간 쉽게 전해지지못했던 서운하고 속상한 마음, 미안하고 고마운 마음을 표현하고 전달하도록 하자.

속마음을 전달할 때는 모두가 지켜야 하는 규칙이 있다. 바로 상대방을 비난하지 않는다는 점이다. 나 전달법을 활용하여 사실, 기분, 바람의 3가지 문장으로 자신의 이야기를 전해야 한다. **대화로 또 다른 상처가 생기거나 더 큰 갈등이 만들어지지 않도록 속마음 대화 전 나 전달법을 숙지할 수 있도록 통합학급 담임교사와 특수교사가 충분한 시범을 보여준다.** 그러고 나면 학생들은 "선생님, 지난번에 제가 시험기간에 공부하고 있는데 OO이가 시끄럽게 떠들어서 화가 나고 싫었어요."가 아니라 "OO아. 내가 지난번에 공부하고 있는데 너가 자꾸 큰 소리로 이야기를 했어. 나는 집중을 하고 싶은데 그러질 못 해서 많이 속상했어. 앞으로는 시험기간에는 조용히 해줬으면 좋겠어."라고 말할 수 있다.

사실 알고 보면 장애학생이 비장애학생의 공부를 방해하고 싶은 마음은 조금도 없었다. 다만, 친구들과 더 놀고 싶었는게 비장애학생의 입장을 고려하지 못한 것이다. 많은 장애학생들이 친구에게 미안한 마음이 있어도 자신의 마음을 어떻게 표현해야 할지를 모르는 모습을 보인다. 그러면서 친구와의 관계가 단절되어 고립될까봐 불안해한다. 속마음 대화를 통해 장애학생은 통합학급 담임교사와 특수교사의 지원을 받아 "그랬구나. 내가 그 날 큰 소리로 얘기해서 공부에 집중하지 못 했구나. 나는 같이 더 놀고 싶은 마음이었는데 방해해서 미안해. 앞으로는 조용히 공부해야 한다고 말해주면 나도 조심할게."라고 표현할 수 있다. 이렇게 감정을 묶어 두지 않고 털어놓는 것만으로도 갈등이 더 커지지 않을 수 있다고 생각한다. 비장애학생은 장애학생이 일부러 그런 것이 아니었다는 말은 들으면 대게 기분이 누그러진다.

물론 대화를 충분히 나누었다고 해서 같은 문제가 반복되지 않는 것은 아니다. 쉽사리 해결되지 않는 문제들도 있다. 하지만 결국에는 끊임없는 대화를 통해 함께 대안을 만들어가며 하나씩 해결해 나가는 수 밖에 없다. 매달 정기적인 날을 정해 통합학급 담임교사와 특수교사가 함께 조례시간과 종례시간에 대화의 날을 운영해보자.

소통하는 시간을 통해 통합학급은 각자의 취향을 존중하고 배려하는 공동체로 거듭날 것이다.

08. 개별화교육 지원팀과 함께 학생의 성장을 지원하자

> **통통통 이야기**
>
> '한 아이를 키우려면 온 마을이 필요하다.'는 아프리카 속담이 있다. 특수교육대상학생이 자신의 재능을 찾고 멋진 인생을 살아갈 수 있도록 모여서 토의하자.

통합교육 현장에서는 개별화교육지원팀이 주축이 되어 특수교육대상학생의 재능 발견을 돕고 이를 개발할 수 있도록 지원해야 한다. 장애인 등에 대한 특수교육법에서는 개별화교육을 "각급학교의 장이 특수교육대상자 개인의 능력을 계발하기 위하여 장애유형 및 장애특성에 적합한 교육목표·교육방법·교육내용·특수교육 관련서비스 등이 포함된 계획을 수립하여 실시하는 교육"으로 정의한다.

개별화교육 지원팀에 대한 법률 지식을 확인하자

개별화교육은 장애인 등에 대한 특수교육법에 각종 기한과 내용 등이 법적으로 명시되어 있다. 이는 학교 종합감사 시 특수교육 업무에서 가장 눈여겨보는 부분이기도 하다. 법에서 제시하고 있는 기한과 내용은 특수교육대상학생의 효과적인 통합교육을 지원하기 위해 반드시 지켜야 하는 부분이다. 지금부터 하나씩 알아보자.

1. 각급학교의 장은 특수교육대상자의 교육적 요구에 적합한 교육을 제공하기 위하여 보호자, 특수교육교원, 일반교육교원, 진로 및 직업교육 담당 교원, 특수교육 관련서비스 담당 인력 등으로 매 학년의 시작일부터 2주 이내에 각각의 특수교육대상자에 대한 개별화교육지원팀을 구성해야 한다.

2. 개별화교육지원팀은 매 학기 마다 매 학기의 시작일부터 30일 이내에 특수교육대상자에 대한 개별화교육계획을 작성해야 한다.

3. 개별화교육계획에는 특수교육대상자의 인적사항과 특별한 교육지원이 필요한 영역의 현재 학습수행수준, 교육목표, 교육내용, 교육방법, 평가계획 및 제공할 특수교육 관련서비스의 내용과 방법 등이 포함되어야 한다.

4. 각급학교의 장은 매 학기마다 개별화교육계획에 따른 각각의 특수교육대상자의 학업성취도 평가를 실시하고, 그 결과를 특수교육대상자 또는 그 보호자에게

통보하여야 한다.

5. 특수교육대상자가 다른 학교로 전학할 경우 또는 상급학교로 진학할 경우에는 전출 학교는 전입학교에 개별화교육계획을 14일 이내에 송부하여야 한다.

학생의 Need에 따른 Solution을 찾자

이 밖에 다른 법률 지식은 국가법령정보센터에서 3단 비교표로 출력하여 틈틈이 확인하며 특수교육대상학생에게 제공되어야 하는 교육 서비스를 놓치지 않길 바란다.

특수교육대상학생마다 지니고 있는 학습 특성과 행동 양식이 다르기 때문에 제각기 자신에게 맞는 지원을 필요로 한다. 통합학급 담임교사 또는 특수교사 혼자서 해결하기 어려운 문제를 개별화교육지원팀 회의를 통해 함께 고민하고 실천하며 방법을 찾을 수 있다. 다음의 재구성 사례를 통해 알아보자.

1. 장애학생의 도전행동에 대한 긍정적 행동지원을 위한 개별화교육지원팀 운영 사례

> 자폐성장애학생 동완이(가명)는 자신의 욕구가 좌절되거나 원하지 않는 과제를 해야 할 때 자신의 머리를 양 주먹으로 세게 때리는 행동을 보인다. 머리 때리는 행동을 통해서도 자신의 감정이 해소되지 않으면 폭발적으로 분노하며 책상이나 바닥에 머리를 찧기도 한다.

동완이의 행동은 자신에게 해가 되는 위협적인 파괴행동이므로 즉각적인 행동지원이 필요하다. 동완이의 파괴행동은 통합학급 상황에서 또래와의 갈등의 원인이 되기도 하였으며, 교사의 수업 진행을 어렵게 했다. 동완이와 동완이 반 학생들 모두가 학업에 참여하기가 어려운 심각한 문제를 지니고 있었다.

그런데 사실 동완이는 자신이 관심있고 흥미있는 일에는 누구보다도 몰두하는 엄청난 집중력을 가진 학생이다. 이런 동완이의 강점을 어떻게 키워줄 수 있을까? 개별화교육지원팀에서는 먼저 특수학급과 통합학급에서 동완이의 도전행동이 나타나는 빈도를 알아보기 위해 지원인력의 도움을 받아 ABC 행동 관찰 기록지와 ABC 행동 분석지를 작성했다. 객관적 데이터를 수집해서 환경의 문제가 없는지 파악하기 위함이었다. 그 다음 회의를 통해 도전행동에 대한 가설을 개발하고 지원 방법에 대해 고민했다.

동완이는 교사에게 과제를 지시받으면, 양 주먹으로 자신의 머리를 세게 때렸다. 이러한 도전행동을 통해 동완이는 과제를 회피하는 결과를 얻었다. 도전행동은 어머니께 야단을 맞고 등교한 날 더욱 심해졌다. **그런데 만약 동완이가 스스로 거부 의사를 올바른 방법으로 나타낼 수 있다면 어떨까? 도전행동이 아닌 긍정적 행동을 하는 것이 더 쉽고, 얻게 되는 이점이 더 크다면 어떨까? 아마 도전행동은 나타나지 않을 것이다.**

동완이는 구어적 표현으로 자신의 생각이나 감정을 전달하기 어려웠기 때문에 도전행동을 대체행동으로 바꿀 수 있도록 보완대체의사소통을 활용한 기능적 의사소통 훈련이 필요했다. 이를 위해 통합학급 담임교사와 특수교사는 동완이가 학교에서 겪는 상황들을 고려하여 상황별 의사소통판을 제작하였다. 의사소통판은 가정용으로도 제작하여 가정에서도 자신의 의사표현을 올바르게 연습할 수 있도록 하였다.

그리고 매일 등교를 하면 자신의 감정 체크리스트를 기록하도록 지도했다. 이를 위해 감정카드를 활용하여 여러 가지 감정에 대해 알아보았고, 감정카드를 보며 다양한 감정을 직접 따라하며 자신의 모습이 담긴 감정 스티커를 교사와 함께 제작하였다. 교사는 동완이가 등교하면 자신의 감정을 나타내는 감정 스티커를 찾을 수 있도록 안내하였다. 동완이가 선택한 오늘의 감정이 만약 '짜증스러운', '지친' 등이라면 그 날은 과제를 줄여주거나 자신이 원하는 방식으로 수업에 참여할 수 있도록 하였다. 동완이에게 자해행동을 하지 않고 감정 체크리스트 작성을 통해서도 충분히 과제가 조절될 수 있음을 알려주었다.

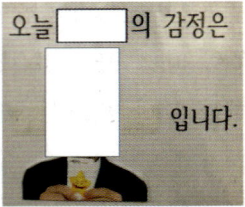

학생들이 만든 장애인 복지 기본법 자료

의사소통판은 한스피크(사람과 소통, 2018) 상징과 세이펜을 활용해서 제작하였고, 감정 체크리스트는 감정카드 낱벌(김덕일, 2013)을 보고 감정을 따라하며 학생과 함께 만들었다.

동완이는 어머니께 야단을 맞고 등교한 날 도전행동이 더욱 많이 나타나는 모습을 보였다. 어머니와 상담을 해보니 주로 동완이가 아침을 빨리 먹지 않아서 야단을 치시게 됨을 알게 되었다. 동완이는 배가 고프면 자리를 이탈하고, 음식을 줄 때까지 반복해서 요구하기 때문에 아침밥을 먹고 가지 않으면 오전 내내 수업에 참여하기가 어렵다. 어머니는 동완이를 조금이라도 밥을 먹여서 보내려고 하는데 또 지각을 하면 안 되기 때문에 마음이 초조하고 재촉하게 된다고 하였다.

개별화교육지원팀 회의를 통해 동완이가 늦잠을 자서 아침 먹을 시간이 부족할 경우에는 조례시간을 활용하여 동완이가 특수학급 교실에서 간단하게 빵과 우유를 먹을 수 있도록 하였다. 동완이가 아침에 받는 스트레스가 줄자 학교에서 도전행동이 나타나는 빈도 또한 줄게 되었고, 자연스럽게 수업에 집중하는 시간이 늘었다. 그리고 기능적 의사소통 훈련을 통해 "하기 싫어요.", "안 할래요."와 같은 거부 의사를 말로 표현하게 되었다.

2. 우울증이 있는 정서행동장애 여학생의 심리적 지원을 위한 개별화교육지원팀 운영 사례

> 정서행동장애학생 혜진이(가명)는 평소 다른 사람의 시선을 지나치게 의식하고 누군가 본인에게 친절하지 않다는 생각이 들면 자신을 싫어한다고 생각한다. 이로 인해 친구가 웃으면서 말하지 않았다는 이유로 통합학급 교실 수업에 참여하지 않고 학교 곳곳에 숨는다.

교과교실제를 운영하는 학교의 경우 학생들은 매시간 교실을 옮겨 다니며 수업을 듣는다. 이때 혜진이는 종종 사라졌다. 혜진이의 행동은 수업 결손뿐만 아니라 안전상의 위험이 크기 때문에 반드시 중재가 개입되어야 한다. 혜진이의 안전하고 행복한 학교 생활을 위해 개별화교육지원팀은 무엇을 해야 할까?

개별화교육지원팀에서 논의한 결과 우울증이 있는 혜진이는 학교의 더 많은 구성원들이 함께 신경을 쓰며 다양한 지원을 제공해야 했다. 통합학급 담임교사와 특수교사는 시간표를 짜서 조례시간, 쉬는시간, 종례시간에 시간을 나누어 상담을 진행하였고 하루 일과 중 1시간은 전문 상담교사가 개별 상담을 진행하였다. 그리고 점심시간에는 교육 복지사가 다양한 미술 활동과 원예 활동으로 혜진이의 부정적 감정을 해소할 수 있도록 하였다. 교과 교사는 수업을 시작하면서 혜진이가 교실에 보이지 않으면 즉시 통합학급 담임교사와 특수교사에게 연락을 취할 수 있도록 집합 연수와 전체 메신저로 사전에 안내를 하였다.

혜진이는 교사와 끊임없이 대화를 나누며 본인이 생각하고 있는 것은 비합리적 사고임을 점차 깨닫게 되었고 조금씩 오해를 푸는 모습을 보였다. 학교 구성원들의 노력을 통해 혜진이는 속상하거나 화가 나는 일이 있으면 더 이상 혼자 학교에 숨지 않고 교사를 먼저 찾아오는 모습을 보였다. 교사와의 상담으로 혜진이는 오해를 풀고 이내 다시 수업에 참여할 수 있었다. 혜진이는 수업 참여 시간이 늘어나자 성적 또한 향상되었다.

3. 지적장애학생의 진학학교 선택 지원을 위한 개별화교육지원팀 운영 사례

> 지적장애학생 정민이(가명)는 고등학교 진학을 앞두고 특수학교로 진학할 것인지, 일반학교 특수학급으로 진학할 것인지 고민이 많다. 정민이는 자신의 강점과 약점을 파악하여 자신에게 적합한 진학을 하고자 한다.

많은 특수교육대상학생들이 본인의 의사와 상관없이 개별화교육지원팀에서 결정한대로 진학을 하는 경우가 많다. 하지만 고등학교 진학은 사회로 나가기 전의 아주 중요한 전환이기 때문에 특수교육대상학생 스스로가 원하고 선택하는 경험을 가질 필요가 있다. 개별화교육지원팀에서는 정민이가 무엇을 가장 좋아하고, 잘할 수 있는지에 대해 집중해보기로 했다. 다음은 개별화교육지원팀에서 나눈 대화이다.

담임교사   정민이는 친구들을 정말 좋아해요. 정민이가 사교성이 좋고 배려를 잘해서 사회적 통합이 잘 이루어지는 것 같아요. 그런 점에서 저는 정민이가 일반학교에 가서 통합의 기회를 더 가졌으면 좋겠어요.

학부모   정민이는 학교에서 친구들과 함께 노는 것을 하루 중 가장 큰 행복으로 여겨요. 고등학교에 가서도 또래와 좋은 관계를 맺을 수 있을 거라고 생각합니다.

정민이   저는 거리가 멀어도 연습을 하면 혼자 버스나 지하철을 타고 등하교를 할 수 있어요. 친구들이 많은 학교가 좋아요.

특수교사   정민이는 자신과 소통할 수 있는 친구를 중요하게 생각해요. 특수학급이 3학급 이상인 고등학교도 있어요. 정민이가 일반학급뿐만 아니라 특수학급에서도 또래와 함께 할 수 있는 시간이 많은 장점이 있어요. 특수학급이 3학급 이상인 곳으로 정민이가 진학할 학교를 찾아보면 좋을 것 같아요.

진로진학 상담 교사	정민이가 그동안 진로와 직업 시간에 활동했던 결과물들을 살펴보면 정민이는 자신이 하고 싶은 것을 할 때 더 잘하고자 노력하는 모습을 보였어요. 정민이는 관심이 있고 없고의 차이가 굉장히 컸어요. 요즘은 제과제빵과 바리스타 활동을 좋아하더라고요.
정민이	선생님, 저는 고등학교에서 제과제빵과 바리스타를 잘 배워서 취업까지 하고 싶어요.
특수교사	그렇다면 제과제빵과 바리스타를 특색활동으로 실시하는 고등학교 특수학급은 어떨까요?
학부모	그 곳도 특수학급이 3개인가요? 그렇다면 정민이가 좋아하는 활동도 하고 친구들도 많아서 정말 좋을 것 같아요.
특수교사	네. ○○고등학교와 △△고등학교는 특수학급이 모두 3학급씩 있어요. 제과제빵과 바리스타 전문 기계도 비치되어 있고 학생들 취업을 위해 학교 수업시간에 전문적으로 지도하고 있어요.
담임교사	그렇다면 제가 ○○고등학교와 △△고등학교의 입학 관련 홍보 팸플릿이 오면 수집해서 정민이에게 보여주며 설명할게요. 부모님께도 가정으로 보내드릴게요.
특수교사	네. 그러면 저도 정민이와 학교 홈페이지에서 정보를 검색하면서 학교에 대해 미리 알아볼게요.

정민이는 이 회의를 기점으로 자신의 미래에 대해 더욱 적극적으로 고민하기 시작했다. 알찬 고등학교 생활을 위해 필요한 것들을 스스로 찾아보며 준비하였고, 선택에 대한 책임을 지기 위해 등하교 연습도 열심히 하는 모습을 보였다.

개별화교육지원팀은 집단 지성으로 움직이게 된다. 교사들의 협력을 통한 집단적 능력은 특수교육대상학생에게 든든한 버팀목이 될 것이다.

09.
통합교육 간담회에서 함께 고민하기

통통통 이야기

통합교육 활동을 정리하여 공유하는 장을 만들자. 통합교육 간담회에서 1년의 활동을 돌아보고 다음 학년도 교육과정을 함께 고민하자!

3월에 새로운 통합학급 담임교사가 정해지고 난 다음 통합교육 계획을 수립하려면 모두가 헤매기 십상이다. 특수교육대상학생은 통합학급에서 생활한 지 얼마 되지 않았기에 아직 적응기간을 거치고 있고, 통합학급 담임교사 또한 짧은 시간 동안 특수교육대상학생을 파악할 수 없기 때문에 통합교육의 좋은 방안을 마련하기가 어렵다. 그렇다면 전년도 12월부터 통합교육을 위한 교육과정 토대를 만들어보면 어떨까?

올해의 통합교육 활동을 되돌아보자

연말이 되면 한 해의 통합교육 활동을 공유하기 위한 자리를 마련하자. 특수교육대상학생과 학부모, 통합학급 담임교사, 관리자 등 개별화교육지원팀 전원을 초대하자. 이렇게 특별한 협의 안건이 없음에도 바쁜 시기에 모이는 시간을 만드는 이유는 통합교육 활동을 되돌아보기 위해서이다.

통합교육 간담회 모습

학생들이 직접 구운 빵과 쿠키, 학생들이 직접 내린 원두커피는 통합교육 간담회의 또 다른 묘미이다. 통합교육 간담회의 A부터 Z까지 모든 것은 학생들에게서 나온다.

평소 수업과 행사 때 찍었던 사진과 동영상을 편집하여 통합교육 활동 영상으로 재탄생시켜 보자. 5분 남짓한 영상은 생각보다 많은 메시지를 전달해줄 수 있다. 이것은 나중에 특수학급 졸업앨범을 제작할 때도 요긴하게 사용된다.

통합교육 간담회를 준비하면서 특수교육대상학생들은 학습 결과물을 정리하며 배운 내용을 한 번 더 복습할 기회를 가지게 된다. 간담회의 전시 자료들을 특수교육대상학생들이 직접 설명해야 하기 때문이다. 특수교육대상학생들은 그런 자신의 모습을 준비하는 과정에서부터 설레며, 그 어느 때보다도 열성을 다한다. 오롯이 자신들이 주인공이 되는 날이기 때문이다.

구성원들의 피드백을 교육과정에 반영하자

다양한 현장체험학습

회기	일시	주제	장소
1	3.30(목)	해양 생물 탐색하기, 해수욕장 체험하기	ㅇㅇ수족관, ㅇㅇ해수욕장
2	4.24(월)	식물 탐색하기, 유채꽃 축제 참가하기, 시장 조사하기	ㅇㅇ생태공원, ㅇㅇ시장
3	6.16(금)	동물원 견학하기	ㅇㅇ동물원
4	7.11(화)	특수학급 연합 체험 성교육 참가, 외부 인권교육 참가	ㅇㅇ중학교, 인권전시관
5	9.12(화)	수목원 생태 체험하기	ㅇㅇ수목원
6	10.27(금)	과학축전 통합 체험부스 운영 및 참가	ㅇㅇ시민공원
7	11.16(목)	특수학급 연합 체험 성교육 참가, 뷔페 이용하기, 카페 이용하기	ㅇㅇ중학교, 피자 뷔페 및 인근 카페
8	12월 예정	영화 관람하기	ㅇㅇ영화관

교사가 제작한 동영상과 학생들이 준비한 학습 결과물 외의 추가 내용은 영역별로 정리하여 간담회 자료로 배부하자. 영역별로 구체적인 피드백을 받을 수 있다.

통합교육 간담회 자료의 예

1년간의 통합교육 활동을 함께 한 구성원들이기 때문에 어떠한 시행착오가 있었는지, 어떠한 점이 특별히 좋고 의미 있었는지, 어떠한 점이 아쉽고 보완되어야 하는지를 이미 잘 알고 있다. 그렇기에 이들의 솔직한 피드백은 더 나은 통합교육을 운영하는 기틀을 마련해준다.

구성원마다 생각하고 느끼는 것이 모두 다르기 때문에 함께 고민해야 실수를 줄이고 새로운 좋은 아이디어를 얻을 수 있다.

Chap.3 이해와 소통의 울타리

통합상식
Dessert Time 3

지적장애 및 시·청각장애

> 우리 반장은 지적장애이지만 정치적으로 소신있는 발언을 종종 한다. 그리고 완전히 보이지 않는 전맹은 20%에 불과하다. 조금이라도 눈이 보이는 시각 장애인이 대부분이라는 얘기가 된다. 또한, 귀가 들리는 청각장애도 많다. 장애에 관해 우리가 안다고 생각하는 것이 다는 아니다.

장애는 다양하다. 그 중에서도 현장에서 절반이 넘는 지적장애에 관련한 영화를 살펴보고 소수이지만, 지적장애를 수반하지 않는 시·청각장애 대해서도 알아보자.

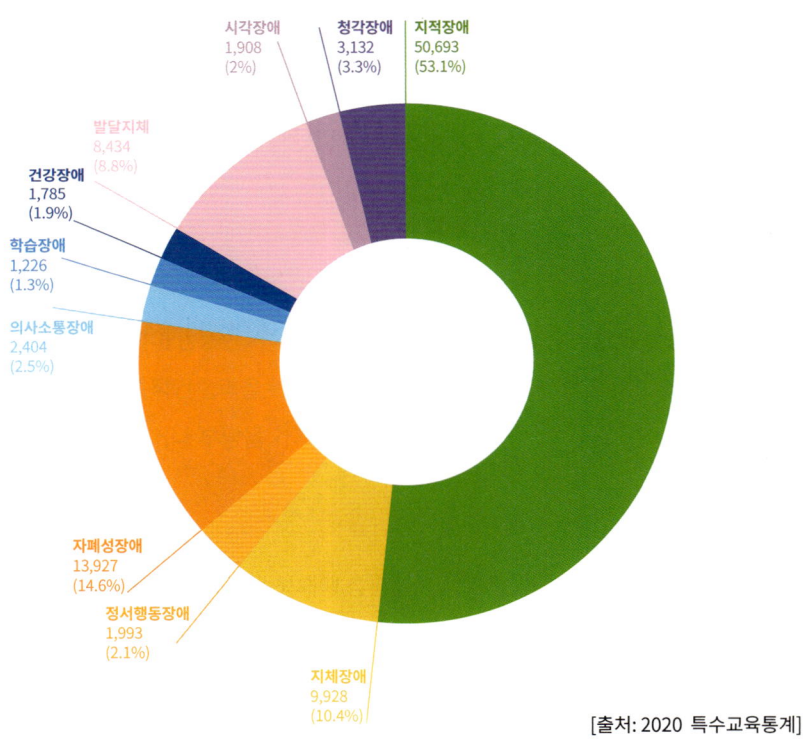

[출처: 2020 특수교육통계]

2020년 기준 지적장애학생은 전체 특수교육대상학생 중 50.1%인 50,693명으로 절반이 넘는 것으로 집계되었다.
시각장애학생은 2%인 1,908명 청각장애학생은 3.3%인 3,132명으로 그 비율에서 차이가 난다.

영화 속 지적장애 **포레스트 검프** (1994)

경계선급 지적장애
포레스트 검프의 인생픽션
(주연: 톰 행크스, 남우주연상 2회 수상)

영화 '포레스트 검프'는 그야말로 모르는 사람이 없을 정도로 유명하다.
어머니의 지지와 운동에 재능을 가진 장애인의 의지를 담은 인생이야기를 담고 있는 이 영화는 픽션이지만, 그 속에 담긴 해학과 정치풍자, 장애인식 개선요소에 관해서는 충분히 생각해보고 살펴볼 만한 가치가 있다.

예전의 기준으로 말하자면, 경계선급 지적장애를 가진 포레스트 검프는 어머니의 노력으로 일반학교를 다니게 되었다. 하지만, 다리에 차고 있는 보조기와 경증 지적장애로 인해 친구들의 놀림을 받게 된다.
그런 포레스트가 통학버스를 탔을 때, 친구들은 외면하거나 거부했고, 이후 **첫사랑이 될 제니와의 첫 만남도 버스에서 이루어진다.**

통학버스에서 자리를 내어 준 제니와의 첫 만남은 우정에서 사랑으로 이어지게 된다.

포레스트 검프는 시골마을에서 살았고 다리에는 보조기를 차고 있었다.
함께 다니던 제니는 포레스트가 다칠까봐 도망쳐야 하는 상황에서 매번 달리라고 외쳤고 여기에서 영화의 유명한 장면이 탄생한다.

자전거를 타며 괴롭히던 마을 아이들을 피해 달리던 중, 포레스트의 보조기는 부서지고 건강한 다리를 확인하게 된다.
오히려, 이 사건을 통해 달리기의 재능을 찾았다고 볼 수 있다.

그렇다면 보조기를 차고 있다가 다시 건강한 신체로 회복하는 경우는 가능할까?
실제로 심한 척추측만증을 가지고 있던 학생을 지도했던 경험이 있다.
척추측만증은 그 경중은 다르지만, 우리같은 일반인이나 학생들에게도 흔히 관찰되는 증세이다. 좋지 않은 자세로 오래 앉아 있거나 한쪽 다리로 기대어 서기, 다리 꼬고 앉기, 바지 뒷주머니에 물건 넣어두기 등 나쁜 습관으로 인해 심해지기도 한다. 좋지 않은 습관이나 자세 등으로 유발된다 하여 '기능성 척추측만증'이라고 부른다. 하지만, 이것과는 다르게 성장과정에서 근육에 관련된 신경계의 문제나 척추 자체의 이유로 인해 척추측만이 생기기도 한다. 이것은 '구조성 척추측만증'이라고 한다. 구조성 척추측만증을 가진 이 학생은 약 2년 정도 딱딱한 보조기를 차고 다니던 것을 보았다. 하루 종일 차다시피 하던 이 학생이 어느 날 보조기를 안 차고 있길래 물어봤더니 "잘 때만 차도 된대요." 라고 했다.

그러던 어느 날,

"요즘 어때?" 라고 묻는 내게

완전히 다 나아서 이제는 안 차고 된다고 했다. 그 학생이 한동안 안 보이더니 졸업식에 나타나 실습이 끝나고 이번에 취업을 했다고 인사를 해서 기분이 참 좋았다.

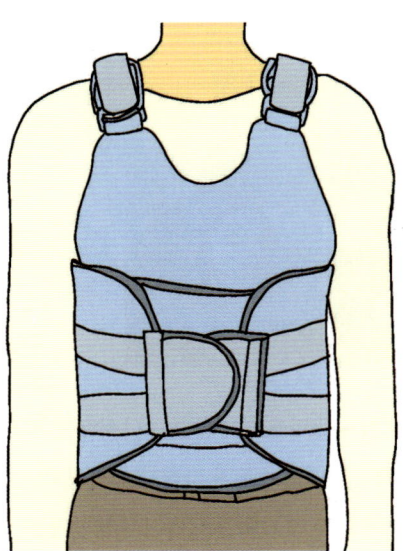

척추보조기를 하루종일 차던 학생이 건강한 모습으로 졸업식에 나타나 취업을 했다고 했을 때는 너무도 기분이 좋았다.

시간이 지나 마을 청년이 된 포레스트는 여전히 쫓기고 있었다.
이번에는 차로 위협하는 마을 청년들을 벗어나 달리던 중 앨러배마 대학 미식축구 팀의 경기장을 가로질러 달리는 모습으로 감독의 눈에 띄게 된다.

---

9) scoliosis, (脊柱側彎症) 요즘은 우리말로 '옆굽이증'이라고도 한다.

통합교육으로 통하는 통로

운동의 재능을 찾은 포레스트는 대학 축구 팀에서 활동하며 승승장구하게 된다.

실제 특정 분야에 재능을 나타내는 다양한 장애인들이 있다. 자폐성 장애를 가진 사람들 중 '서번트 증후군'으로 불리는 경우에 그림, 수학, 암기 등에서 천재성을 보이고 세계적인 유명인사가 된 경우도 적지 않다.

뇌 손상 후 특정 능력이 발현됨.
숫자를 형상, 맛, 상징을 입체적으로 봄.
3.14로 시작하는 원주율을 5시간동안 22,514자리를 외워 천재성을 검증받았다.

10개 국어에 능통하고
특히, 어렵다는 아이슬란드어도 1주일 만에 익히는 데 성공했다.

대니얼 태멋 (Daniel Tammet)
— 자폐증 수학가

**대학을 졸업하고 진로를 군대로 정한 포레스트는 월남전 중 특유의 순수함과 달리기 능력으로 수많은 전우를 구하게 되고 그 와중에 엉덩이에 총상을 입게 된다.
군병원에서 회복하며, 탁구를 즐기던 중 포레스트는 또 다른 재능을 찾게 된다.**

탁구국가대표가 된 포레스트는 탁구용품 광고비로 큰 돈을 벌게 되고 전우와의 약속을 지키기 위해 새우잡이에 뛰어들게 된다.

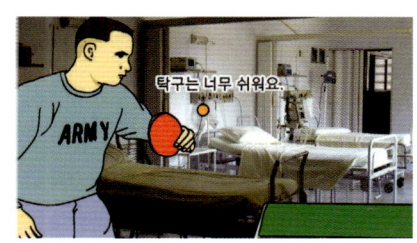

기술은 없었지만, 묵직한 집념으로 꿋꿋이 새우잡이에 임하던 포레스트에게 찾아온

댄 중위는 사실 허벅지 아래쪽을 잃고 인생을 포기하다시피 좌절하며 살았었지만, 포레스트의 순수한 우정에 마음이 움직여 일등항해사를 자청하며 동참하게 된다. 폭풍우 속에서 버텨낸 그들은 새우잡이에서도 큰 성공을 이루게 된다.

제니와의 사랑을 이어질 듯 이어지지 않으며 포레스트를 힘들게 했지만, 변치 않고 한 자리에서 기다려준 그에게 제니는 연락을 하게 된다.
제니의 집에는 포레스트를 깜짝 놀라게 할 두 소식이 기다리고 있었다.
제니의 생이 얼마 남지 않았다는 슬픈 소식과 포레스트의 선물같은 아들이 기다리고 있다는 것이었다.

자신의 아들도 장애를 가졌을까 걱정했지만, 아들 포레스트는 장애를 가지고 있지 않았다. 방에 나란히 앉은 그들의 모습이 참 따뜻해 보였다.

장애등급제가 사라진 요즘이지만, 예전에 지적장애 3급을 진단받은 우리 반장도 이 영화의 일부를 함께 보았다. 이 장면에서 나를 놀라게 하는 한마디를 했다.
"선생님, 저도 안 그럴 수 있어요?"
이 학생도 자신이 결혼하고 나서 장애자녀를 낳을 수도 있다는 걱정을 한 것이다.
고등학교 2학년이면, 충분히 그런 생각을 할 수도 있겠다 싶었다.
"그래, 당연하지. 괜찮아"
라고 하며 다시 한번 우리 학생들이 감성은 비장애와 같으며 단지 학습에만 약간의 어려움을 가지고 있다는 사실을 상기하게 되었다.

포레스트의 경우와는 다르게 지적장애에는 다른 유형이 많이 있지만, 여러분이 쉽게 만날 수 있는 케이스만 간단히 소개한다.

영화 '제8요일'에 출연한 주인공의 장애인
다운증후군이다.

다운증후군인 주인공은 순수한 영혼과 우정으로 한 가정에 위로와 평화를 선물하게 된다.

일반적인 경우, 23쌍의 염색체가 있어야 되는데 이 염색체의 이상으로 발생하는 장애이다. 21번 염색체가 3개인 것이다.

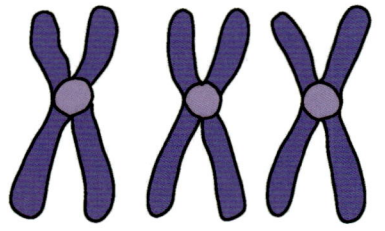 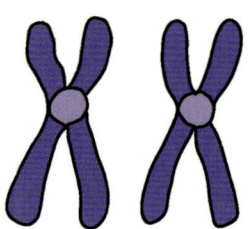

다운증후군의 21번 염색체　　　　일반인의 21번 염색체

다운증후군의 경우, 외형에서 쉽게 구분이 된다.
상대적으로 짧은 목과 손가락과 발가락이 특징적이며, 사교성이 좋다.
지적장애를 수반하며, 800대 1의 확률로 나타나는 것으로 보고된다.
지적장애의 다른 경우로 **'취약 X염색체 증후군'을 들 수 있다.**
유전성 지적장애의 매우 흔한 경우이며 남자에서 주로 발생하는 것으로 알려져 있다.
건강상의 문제는 크게 없어서 정상수명을 가진다.
머리가 크고 길며 갸름한 얼굴에 턱이 튀어나오고 귀가 크다.
민족에 따른 큰 차이는 없고, 미국의 경우, 남자는 4000:1, 여자는 8000:1의 비율로 나타난다고 보고된 바가 있다.
주의력결핍 과잉행동장애(ADHD)가 나타날 확률이 다소 높으며 눈의 이상으로 원시, 난시, 사시, 안구진탕, 안검하수 등이 25~56%의 확률로 나타날 수 있다.

다음으로 **프래더 윌리 증후군이 있다.**

15번 염색체 이상으로 발생하며 아래 그림에 나타낸 것처럼 감각을 담당하는 시상의 장애를 가진다. 배부름을 잘 몰라서 과도한 식탐으로 인한 비만합병증을 주의해야 하며, 고통에 둔감하여 복통이나 충수염 등을 스스로 일찍 인지하지 못하는 것으로 보고된다. 혹시 이유없이 평소 때보다 배가 너무 불룩하게 나왔다면 염증으로 인한 경우일 수 있으니 주의관찰이 요구된다.

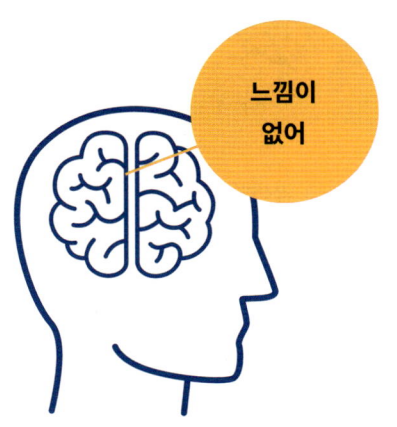

프래더-윌리 증후군은 감각을 담당하는 시상의 장애로 고통에 둔감한 편이다. 본인의 복통을 인지하지 못해 충수염이 악화되도록 방치되는 경우가 나타날 수 있다.

그 밖에도 18번 염색체로 인한 에드워드 증후군은 심장기형으로 특이한 손가락 구조 특징이며, 7번 염색체로 인한 윌리엄스 증후군은 언어가 유창하고 얼굴을 잘 기억하는 특징이 있다. 파타우증후군은 13번 염색체가 3개로 1년 내외의 매우 짧은 수명으로 인해 우리 주변에서 만나기 어렵다.

다운증후군, 프래더-윌리 증후군, 취약 X염색체 증후군 등 유형과 외모는 달라도 대부분 참 순수하다는 공통점이 있다. 오랜 시간 함께 해온 교실의 우리 아이들은 누구보다 예절 바르고 성실한 태도를 보였다.

금요일이면 화분에 물 줘야 한다고 오히려 선생님에게 알려주고, 맛있는 게 생기면 어른에게 먼저 가져다 주고 언제나 친구들을 격려하고 도와준다.

반장은 "저는 꼭 취직해서 원룸 갈래요~" 하며 당찬 포부를 알리기도 한다.

지적장애에 대한 일반적인 오해를 몇 가지 살펴보자.

- 정신이상과 유사하다. (×)
➡ 신경계 문제가 있는 정신이상(psychotic disorder)이 아니다.

- 성적 욕구가 없다. (×)
➡ 비장애의 경우와 같이 성적 욕구가 있으며 가정과 학교에서 이와 관련하여 충분히 다 배우고 있다.

- 모두 유전에 의하여 발생한다. (×)
➡ 유전은 약 20%로 절대적으로 영향을 주지는 않는다.

- 기능은 향상되지 않을 것이다. (×)
➡ 속도가 느릴 뿐, 개별화교육 등을 통해 잘 지도하면 전반적으로 향상된다.

- 지적장애는 모두 특수학교에서 별도로 교육해야 한다. (×)
➡ 최종적으로 사회에서 자립하기 위해서는, 통합환경을 제공하여 지역사회로의 자립생활을 미리 많이 경험하게 하는 것이 좋다.

영화 속 시각장애 **데어 데블** (2003)

낮에는 시각장애 변호사로 밤에는 시력을 제외한 모든 감각을 이용해 영웅으로 생활하는 이야기
(주연: 벤 애플렉)

영화 '데어 데블'은 방사능 폐기물로 인해 시력을 잃은 한 범죄 전문 변호사가 등장하는 이야기를 담고 있다. 당시에는 전맹인 주인공이 소리를 통해 주변을 인지한다는 기발한 설정이 '참 영화적이다.'라고 넘겼다.

하지만, 어느 날 우연히 TV를 보며 '역시 다 안다고 장담할 것은 없구나.' 하게 되었다. 질병으로 인해 **두 안구를 적출하여 전맹이 된 시각장애인 다니엘 키쉬를 보고는 깜짝 놀라게 되었다.**

입에서 '딱!딱!'하는 소리를 내며 반사되는 소리를 이용해 주변을 눈으로 보듯이 거의 다 알아내는 능력으로 TED강연에도 등장해 세계적인 주목을 받았다.

그의 능력을 의심하는 방송사에서 검증하는 프로그램을 본 적이 있다.

그의 생활공간이 아닌 전혀 다른 장소로 이동시켜 주변 정보를 말해보라 했다.

빌딩이 있는 위치를 정확히 짚어냈고 바닷가에서는 요트라는 것도 알고 그 위치도 하나씩 정확히 표현했다. 혼자서 자전거도 타고 다니고 차와 같은 장애물을 피해서 생활할 수 있었다.

이후 그의 능력이 본인에게만 제한될 것이라는 주변의 우려와 달리, 시각장애아들을 성공적으로 훈련시키고 실제 자립생활의 상당한 개선을 이끌어냈다.

관련 재단도 설립했다.

반사되는 소리를 이용해 거리와 물체의 성질을 짐작하는 에코 로케이션을 활용하여 시각장애를 극복한 다니엘 키쉬

(출처:TED)

이렇듯, **시각장애는 다양성을 가지고 있다**.
실제로 우리나라의 경우, 25만명의 시각장애인 중 **20% 정도가** 눈이 완전히 안 보이는 **전맹**이며, **약 21만명은 (잘 보이지 않는)저시력장애인이다**.
모든 시각장애학생이 눈이 완전히 안 보인다고 생각하면 오해인 것이다.
게다가 녹내장으로 중도 실명을 하는 등의 후천적 장애를 가진 경우를 포함하여 점자해독을 완전히 하기 어려운 경우가 상당하다.
시각장애인 중에서 손으로 복잡한 점자를 완전히 읽어서 해독 가능한 경우는 5%에 불과하다는 연구 보고도 있다.

시각장애학생의 또다른 특성으로 '시기억'을 들 수도 있다.
우리들이 눈으로 본 가장 오래된 기억을 떠올려보자.
몇 살 때인가?
고향이나 추억의 장소를 설명할 수 있는 시기억의 평균적인 최소 나이는 만 5세 부터이다.
그래서 5세 이후 나이가 들어서 중도 실명하는 경우와 반대의 경우에 개념적 발달의 차이는 발생할 수밖에 없다.
산의 높이를 본 적이 없는 경우와 수평선 끝의 거리나, 촛불이 켜진 은은한 불빛을 느껴본 경험이 없다면 이를 이해하는 것은 상당히 추상적인 것이 될 수밖에 없다.

그래서 촉각의 활용이나 숙련도 또한 차이가 나게 되는 것이다.
시각이 아닌 정보의 창구로는 언어와 감각이므로 이 방식에 더 집중하게 된다는 특징도 생각해두면 시각장애학생과의 소통에 도움이 될 것이다.

보조공학은 분야를 막론하고 놀라운 속도로 발전하고 있다.
우리들의 스마트폰이 그렇지 않은가?
인공지능의 수순에 들어선 스마트폰은 이 책이 출간되는 시점에는 또 어떻게 변해 있을지 감히 규정하기 어려울 만큼 하루가 다르게 진화하고 있다.

이런 기술의 시대에 나타난 획기적인 제품이 나의 눈길을 끌었다.
다양한 시각장애를 지원하는 보조공학 중 최근 이슈가 된 것은 바로 **마이아이(MyEye)이다.**

마이아이는 안경처럼 착용하면 색깔, 인물, 숫자, 방향까지 주변의 정보를 설명해준다.

안경과 같은 이 제품을 착용하고 손가락을 가리키면, 눈이 잘 안 보여서 이해하기 힘들었던 정보를 설명해준다. 어떤 글자도, 심지어 얼굴까지도 바로 '들을 수 있게' 된다. 책을 읽어주기도 하고 옷가게에서 혼자 쇼핑을 할 수 있을 만큼 옷 색깔로 구분해준다. 병 음료의 제품설명을 해주고 이정표를 읽어주고 주소를 알려준다. 친구의 이름을 말해주기까지 한다.
많은 저시력 장애인에게 도움이 될 것으로 보인다.

최근 우리나라에서도 '안구 임플란트' 수술의 성공사례가 뉴스로 알려졌다.
시신경에 안경처럼 착용하는 보조공학 카메라의 정보를 직접 연결하여 10년 만에 가족의 얼굴을 본 수술참가자와 가족의 눈물을 보며 참 대단한 세상이 되었다는 생각을 했었다. 하지만, 아직까지는 1억에 가까운 수술비로 대중적인 접근이 어렵다. 시간이 지나면, 모든 것이 그렇듯 좀 더 쉽게 접근할 수 있을 것이라고 생각한다.

당장은 우리들의 장애인식 개선이 중요하다고 본다.
우리 가까이 있는 점자정보를 실제 예로 들자면, 캔 제품이 그렇다.
캔에 점자가 각인되어있는것은 다들 알고 있다.
하지만, 대부분의 경우에는 뭐라고 적혀있는지는 잘 모를 것이다.
이렇게 상상해보자.
더운 여름날, 편의점에 들러 시원한 콜라 한 캔을 사려고 한다.
냉장고 속의 수많은 캔 모두가 상표도 없고 크기도 같은 캔에 그냥 '음료'라고만 적혀 있다면…

상사가 시원한 캔을 들고 와 건배를 권한다. 몰래카메라같은 이 장면이 우리의 시각장애인의 현실이다.

아무 표시도 없는 캔으로 건배를 권하는 이 사진과 같은 상황이라면 우리의 마음은 어떨까?

시중에 유통되는 캔맥주에는 카○, 하이○이 대표적이다. 두 제품 모두 구분할 수 있는 정보를 제공하고 있지 않다.

두 제품 모두 '맥주'라고만 적혀있다.
현재, 전맹인 시각장애인들은 맥주 제품에 선택권이 없다.

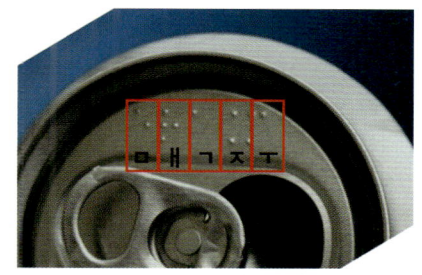

캔 음료는 거의 대부분 회사나 제품을 막론하고 '음료'라고만 적혀있다.
매 학기 특수교육과 학생들과 수업을 하고 있다.
변화를 위한 작은 실천으로 대학생들과 함께 '점자를 사용하는 제품'을 생산하는 여러 회사에 의견을 개진하고 있다.

수년간의 노력때문인지는 모르지만, 최근에는 일곱별을 사용하는 회사에서 변화가 나타났다.
일곱별을 사용하는 이 회사도 다른 캔 음료 제품들은 '음료'라고만 표시되어 있다.

하지만, 자신들이 유통하는 탄산이 들어간 모든 제품에 '탄산'이라고 점자를 각인하여 판매하기 시작한 것이다. 이 작은 변화도 참 반갑다.
탄산의 알싸한 목넘김을 선택할 수는 있으니 말이다.
관심이 이어진다면, 친절한 점자표기로 인해 전맹인 시각장애인들의 선택권은 좀더 나아질 것이라고 본다.

**우리들의 관심이 이어진다면,
언제가는 당연한 것들이
당연하게 주어지는 날이 올 것이다.**

영화 속 청각장애 **청설** (2009)

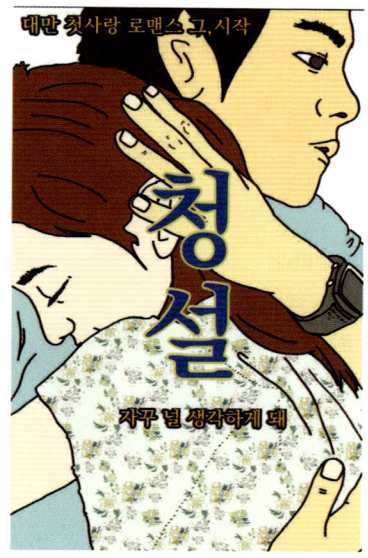

청각장애 가족인 언니를 돕는 여동생과 연인이 되는 한 청년의 따뜻한 사랑이야기
(주연 : 펑위옌, 진의함, 천옌시)

영화 '청설'은 서로 청각장애를 가진 이성으로 오해하고 연애를 시작한 두 남녀가 이후 오해를 풀게 되는 재미있는 설정의 청춘드라마를 다룬 대만 영화이다.

능숙하게 수어를 하는 두 배우의 모습을 보며 '한국 수어와 약간 닮았는데' 하는 생각도 했다. 참고로 수어에는 필수적으로 '표정'이 동반되어야 한다는 것이다.

뉴스화면에 나오는 수어통역사의 표정을 가만히 살펴보라.

비교적 감정적으로 건조한 내용을 다루는 뉴스이지만, 종종 표정이 부각되는 장면들을 볼 수 있을 것이다.

두꺼운 유리벽 건너의 친구와 대화를 나눈다고 상상하면 왜 표정이 중요한지 이해가 쉬울 것이다.

청각장애를 정의하는 큰 두 가지 기준은 **청력과 평형기능**이다.

우리의 귀 안에는 당연히 소리를 담당하는 기관이 있지만, 중요한 기능으로 전정기관이 있다.

코끼리 코 게임을 상상하면 된다. 몇 바퀴 돌고 나면 여지없이 균형을 잃게 되지 않는가? 이렇게 전정기관의 문제로 인해 균형을 담당하는 평형기능에 상당한 장애가 있는 경우에도 장애인복지법에서는 **'청각장애'**로 진단받게 된다.

고막을 포함하여 바깥쪽의 문제는 '외이'의 이상으로 보는 '전음성 난청'으로 고막의 안쪽의 문제는 '내이'의 이상으로 보는 '감음성 난청'으로 크게 구분한다.

쉽게 보면, 소리가 전달되는 과정에 문제가 있는 경우에는 보청기와 같은 보조공학 기기의 도움을 받고 소리를 인식하는 과정의 문제가 있는 경우에는 '인공와우'와 같은 수술적 도움을 받아서 소리를 듣게 된다.

보청기 제품은 필요에 따라
고막형, 귓속형, 외이도형, 귀걸이형 등
상당히 다양한 종류를 사용하게 된다.

교실 현장에서 청각장애학생을 지원하는 다른 방식 중에 'FM보청기'가 있다.
지원센터에서 구비해 둔 곳이 있다면 신청하여 사용이 가능하다.

라디오처럼 위치와 상관없이 양질의 소리를 들을 수 있는 FM보청기

고막의 안쪽인 '내이'에 문제가 있는 경우에는 인공와우를 주로 사용하게 된다.

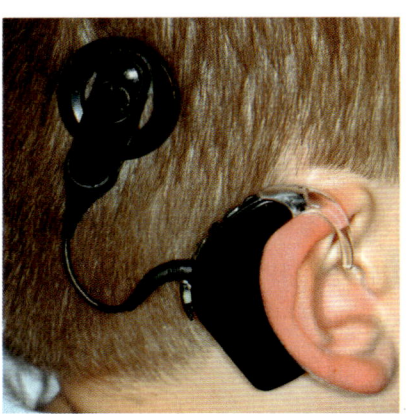

귀 뒤쪽의 피부를 절개하고 장치와 라인을 청신경으로 연결하는 수술적 방법으로 외관상으로 장치가 눈에 띄게 된다.

인공와우는 머리를 감거나 비에 젖게 되는 경우에는 사용하기 어려운 단점이 있지만 사용상의 예후는 좋은 편이다.

마지막으로 여러분 자신의 청력에는 문제가 없는지 알아볼 수 있는 두 가지 무료 애플리케이션을 소개하고자 한다.

첫 번째는, [청력테스트]라는 애플리케이션이다.

조용한 장소에서 이어폰을 사용해 간단히 본인의 오디오그램을 얻을 수 있다.

블루투스 기술이 발전되면서 요즘에는 이어폰이 일상화되어 있는데, 그동안 볼륨 조절은 잘 하고 있었는지 점검해보는 기회가 될 것이다.

이 테스트는 병원 수준의 정밀도까지는 아니지만, 상당히 친절한 결과 그래프를 보여준다.

실제 검사결과 그래프이다. 초록색부분에 데이터가 모여 있다면 다행이지만 노랑색과 붉은 색 쪽으로 기울어져 있다면 병원을 방문해서 자세한 진단을 받아보는 것이 좋다.

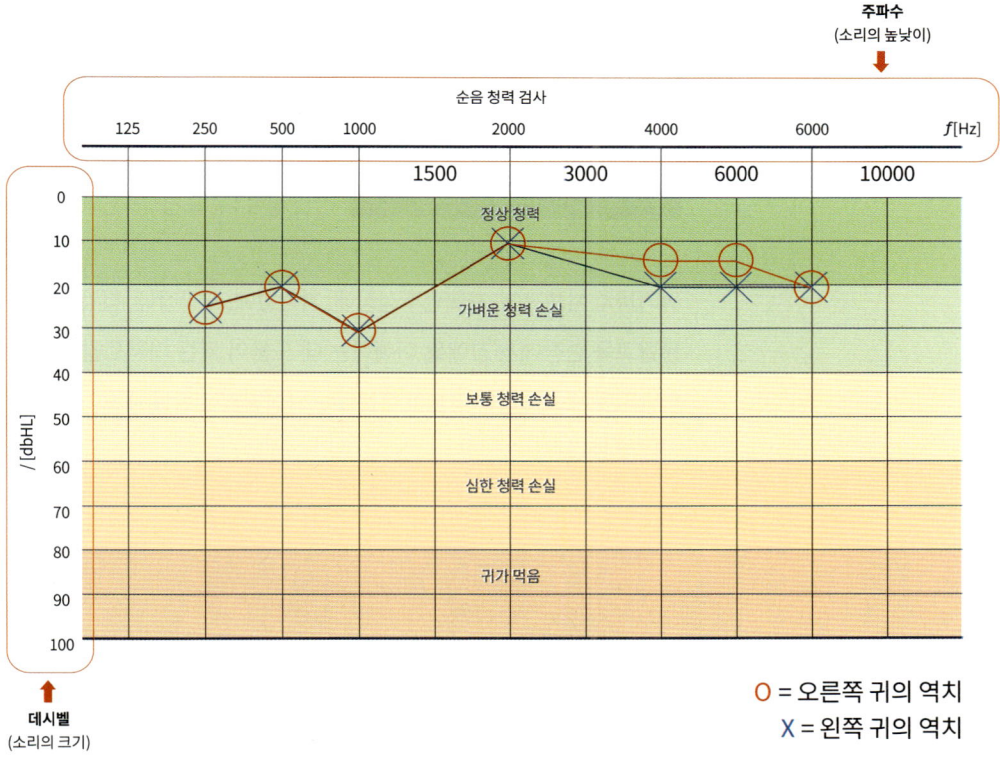

두 번째로 세계보건기구(WHO)에서 배포한 앱이 있다.
[HearWHO]라는 애플리케이션이다.

소음 속에서 숫자를 듣고 계산기와 같이 누르는 방식으로 점수를 산출하는데 이 선별검사는 청능사들도 아는 방식으로 어느 정도 본인의 청력수준을 짐작하는데 도움이 된다.

여기까지 지체장애, 자폐범주성장애, 지적장애, 시각장애, 청각장애를 살펴보았다. 통합교육 현장에서 장애를 이해하는 데 도움이 되는 디저트같은 시간이 되었기를 바라며 교사로서 지원 가능한 부분에는 망설임없이 손을 내밀어줄 수 있는 여러분을 기대해 본다.

부록

독일, 캐나다, 헝가리의

통합교육이야기

부록. 독일, 캐나다, 헝가리의

독일의 통합교육 이야기

다양성의 조화

2019년 7월, 서울시교육청에서 특수교육 국외 현장연수로, 독일로 향하는 비행기에 탑승하게 되었다.

5박 7일이라는 짧은 일정이었지만 독일의 동서를 다니면서 6개의 특수교육기관 및 마을공동체, 직업재활학교를 방문하면서 독일의 특수교육에 대해 듣고 보고 느낀 점을 소개하고자 한다.

특수학교를 중심으로 지역사회 일반학교와 연계를 통합 통합교육
— Franziskus Werk Schönbrunn(비영리 재단) —

장애인권리협약 이후 특수교육센터로 지정되어 주변 일반학교와 연계하여 일반학교로 이동하여 통합교육을 실시하고 있다. 통합교육과 관련하여 특수교사의 역할은 별도로 정해져 있지 않았다. 통합교육 기간 및 시수 등은 일반학교 교육과정에 따라서 탄력적으로 운영하는데, 대체로 정기적으로 이루어지나 주제 활동에 따라서 주·월 단위로 이루어지기도 한다. 특수학교 내 총 19개 학급이 있으며 이 중 2개 학급은 장애 정도가 심한 중증의 학생들을 별도로 구성하여 지도하고 있었다. 10~12학년은 실습 개념으로 외부 현장에서 직업교육을 실시하며 지원인력이 동반하고, 12학년 이후에는 2년 과정의 직업전문학교에 가게 된다.

마을을 형성하여 지내며 마을 입구에 세워져 있는 그림으로 표시된 지도가 인상적이었다. 어떤 기관들이 있는지 누구나 보고 알 수 있도록 마을 안의 관공서를 그림으로 표현하였는데 보편적 중재의 기준이 장애인임을 알 수 있었다.

마을 내 특수학교

장애인 및 관련 사람들이 살고있는 주택 마을 입구 관공서 등 그림표지판

특수학교를 중심으로 장애인 주거 마을 형성

일반학교와 특수학교의 공존을 통한 통합교육
― Ernst-Barlach-Schule(뮌헨 초중등 특수학교) ―

Ernst-Barlach-Schule(뮌헨 초중등 특수학교)는 지체장애학생과 비장애학생이 통합교육을 하는 특수교육기관이다.

0~2세 보육과정과 3~6세 유치원 과정 총 8학급 운영되며 1학급에 4명의 지체유아로 구성되어 있다. 교직원은 담임교사, 실무사 및 보조교사, 치료사 배치되어 있다. 1~9학년 의무교육 실시하고 있다. 1학급에 14~15명 학생으로 구성되며 10명은 장애학생, 4~5명은 비장애 학생이다.

모든 학년에 수업과 치료교육 병행, 유치원과정과 초1 학년은 집중 치료교육이 이루어진다. 장애가 심한 학생은 간호사 또는 보조의료인이 함께 등교 및 지원된다. 또한, 보험사의 심사에 따라 지원 결정된다.

학교모습 (내부)

학교가 최근에 설립(2013년 개교)되어 햇빛이 잘 들어와서 밝고 깨끗하며 학생 및 교직원, 학부모도 이용할 수 있는 편의시설(실외놀이터, 카페테리아, 도서관, 수영장, 병원 등)이 잘 되어있었다.

학교모습 (외부)

삼각형모양의 설계로 햇살이 모든 교실에 잘 들어오는 구조로 되어있고, 지하에서 스쿨버스 탑승 및 하차하는 구조로 되어 있다.

제반시설

장애학생, 비장애학생의 신체 및 운동교육을 위해 1층에서 3층 정도의 높이의 암벽등반이 설치되어 있다(기부 및 발전기금을 활용).

장애학생, 비장애학생의 교육에 필요한 책상, 의자가 배치되어 있으며 다양한 형태의 수업을 할 수 있도록 구성되어 있다.

교실

특수교육기관에 비장애학생이 입학하여 통합교육 실시되는 점이 인상적이었다. 몇 년 전 특수학교 설립을 위해 특수교육대상학생의 학부모가 무릎까지 꿇으며 호소했던 장면을 떠오르게 했던 학교였다. 비장애학생이 특수학교에 입학을 하기 위해서는 월 125유로를 학비로 지불해야 했는데, 학비를 지불하면서까지 특수학교에 다니려고 하는 이유가 궁금해서 물어보았다.

> *** 특수교육기관에 일반학생이 월125유로 수업료를 내고 다니는 이유**
> ① 학부모님의 의사
> ② 일반학생의 소극적, 위축적인 성격으로 치료교육이 필요
> ③ 근교 거주지

유치원 과정은 지체장애유아 32명(4명씩/총8학급)이 배치되어 집중치료 교육 중심으로 운영하고 실외놀이터를 일반 영아(1학급), 일반유아(1학급)와 함께 이용한다. 초등학교 1학년부터는 담임교사(특수교사), 실무사, 치료교사 총 3명이 지체장애학생 15명, 비장애학생 5명이 지도한다. 치료교육은 의사가 처방을 내리면 부모님이 학교 치료교사에게 처방전을 주어 치료교육이 실시된다. 수업 중, 치료실에서 분리, 방과 후에 실시 등 상황에 따라 다르게 적용된다.

장애학생의 개별적인 집중 치료교육 및 비장애학생과의 완전통합교육은 초중과정의 경우 장애학생 대 비장애학생의 비율이 80:20(해마다 변동), 직업실습형태의 레알슐레(우리나라식 표현 : 실업계 중학교)의 비율은 50:50이다.

독일의 특수교육 시스템을 한마디로 표현하면 「다양성을 담은 교육」즉, 장애가 있는 학생뿐 아니라 도움을 받고자 하는 모든 학생을 위한 교육 실현이다. 완전통합 시스템이 아니라 80% 통합교육을 하고 있는 주부터 20% 통학교육을 실행하고 있는

주까지 다양했다. 통합의 방법 또한 획일화된 방법이 아닌 다양하게 운영되고 있는 점을 알 수 있었다.

우리나라에도 다양성을 담은 통합교육으로 나아가기 위해서는 특수학교와 기관이 연계된 통합교육이 필요하다고 본다. 비장애학생들의 학부모가 자녀의 입학을 원할 만큼의 매력을 갖춘 특수학교들이 있고 특수학교에서도 비장애학생을 받는 것이 가능한 시스템을 구축하는 것도 필요하다는 생각을 했다. 뮌헨의 경우 학생의 40% 이상이 장애학생이라면 특수학교로 허가를 해주어 60% 내에서 비장애학생을 입학 시킬 수 있다.

이미 우리나라 일부 특수학교에서도 지역 학교와 연계하여 통합교육을 실시하고 있으며 상당히 체계적이고 질적으로 통합교육을 운영하고 있는 학교들이 있다. 이러한 우수 사례를 공유하고 상호 간 협력 체계 및 통합교육의 활성화 지원 방안에 대한 방법 공유하고 이를 시작으로 특수학교-지역 기관 연계 통합교육 모형을 연구 해야 할 것이다.

우리 모두 함께!

독일은 학생들의 수준과 흥미를 고려하여 다양한 형태의 통합교육을 시도하고 있으며, 장애학생과 비장애학생 모두의 이익을 위해 유기적이고 협력적으로 이루어 지고 있다. 일반교사와 특수교사의 경계가 한국보다 뚜렷하지 않고 서로가 **당연히 협력해야하는 인식**이 분명했다. 독일이 오랫동안 분리 교육을 해온 만큼 통합이 라는 과정을 독일에 적합하게 적용하고 있다는 점 또한 한국과 매우 대비되는 부분인 것 같다.

완전통합이라는 용어 또는 숫자에 대한 중압감에 우리가 장애학생도 비장애학생도 모두 놓치고 있는 건 아닌지 교육청·학교 관리자·교사·학부모 모두 되돌아봐야 할 때이다.

캐나다의 통합교육 이야기

우린 모두 같아

2019년 가을, 경남특수교육원 국외연수단으로 캐나다 밴쿠버의 특수교육을 탐방할 기회를 얻게 되었다. 밴쿠버 BC주는 UDL(Universal Design for Learning)의 철학으로 완전통합교육을 실천하고 실행하는 곳이었다. 캐나다는 이민자들이 많은 나라이다. 그러한 역사적 배경 때문인지 **다양성을 존중하는 것을 넘어 "우린 모두 같다"** 라는 생각을 하는 것 같다. 일주일간의 짧은 탐방으로 캐나다의 통합교육을 한마디로 정리할 수 없을 것이다. 다만 보고 듣고 느낀 것을 소개하고자 한다.

BC주 SURREY 교육청 내 한 중등학교(SURREY SCHOOL BOAR)를 방문했을 때, "비장애학생들이 장애학생들로 인해 수업 방해가 된다고 불평하지 않나요?"라는 질문에 이해할 수 없는 표정으로 "왜? 방해가 될까요?"라고 반문하던 교사의 표정이 아직도 생생하다.

교실

복도 : 실제로 교실과 심리안정실은 가깝다.

심리안정실

대부분의 교실이 통유리로 구성되어 있어 수업장면이 오픈되어 있다. 학생 중 누구라도 수업에 참여하기 어려운 상황이 발생하면 심리안정실에서 안정을 취한 후 수업에 복귀할 수 있는데 그 시간에도 배제되지 않고 수업 내용을 참관할 수 있도록 심리안정실도 통유리로 제작되어 있다.

이곳에는 120명의 장애학생들이 완전통합교육을 받고 있었는데 거의 1:1로 학습지원교사가 붙어 있다고 하니 놀랍기만 했다. 또한 **INCLUDING TEACHER(통합지원교사)** 가 있어 장애학생들의 IEP를 관리하고 협력수업을 한다. 최근 교육부에서 추진하고 있는 우리나라 "통합교육지원교사제"와 유사한 점이 있는 것 같다. 하지만 특이한 점은 IEP는 교육청에서 팀을 이루어 아웃트라인을 짜서 내려주기 때문에 우리처럼 IEP를 작성하느라 3월 한 달을 다 보내지는 않는다고 하니 부러울 따름이었다.

캐나다의 BC주 특수교육 시스템을 한마디로 표현하면 「**포용하는 교육**」즉, 장애를 가진 학생 뿐 아니라 도움을 받고자 하는 모든 학생을 위한 교육 실현이다. 이러한 시스템을 구축하는 데 30년이 걸렸다고 하니, 그동안의 주 정부와 관련 기관들, 관련된 모든 분들의 노력과 지원에 존경하는 마음이 절로 생겼다. 우리나라도 30년이 지나면 완전통합교육이 실현될까? 하는 의문과 함께 국외연수를 통해 우리나라에 도입되었으면 하는 시스템을 한 번 떠올려 보았다.

첫 번째로 BC주 SURREY 교육청 지원인력 및 파트너 시스템 중 **Case Manager** 제도를 꼽고 싶다. Case Manager는 장애가 의심되는 아이기 있으면 그 아이에게 적합한 의사, 언어치료사, 심리상담가, 직업상담가 등 필요한 전문 인력을 코디해주는 역할을 한다. 그렇게 구성된 팀이 진단, 평가 등을 진행하며 지속적으로 다양한 조언과 지원을 해 준다고 하니 처음 장애 진단을 받아 의지할 곳 없는 부모뿐 아니라 특수교육대상학생에게도 결정적인 시기를 놓치지 않고 교육지원을 받을 수 있는 체계적인 시스템이라 생각한다.

두 번째로는 **행동분석전문가**를 들고 싶다. 우리나라에서는 특수교사가 수업, 생활지도, 업무, 행사기획, 공학적 지식, 긍정적 행동지원 등 모든 방면에서 전문가이기를 요구한다. 하지만 이 모든 것에 전문성을 가지기엔 우리나라 특수교육 양성 기관들의 교육과정에는 한계가 있다. 그로 인해 특수교사의 부담이 큰 것이 사실이다. 만약 캐나다 BC주처럼 행동분석전문가를 대학원 과정에서 양성하여 필요한 학생이 있는 곳으로 찾아와 맞춤형 지원을 해준다면 우리나라 완전통합교육 실현에 큰 힘이 될 것 같다.

마지막으로 특수교육공학센터 SET-BC를 추천하고 싶다. 우리나라에도 특수교육공학기기는 특수교육지원센터에 구비되어 있고 대여가 가능하다. 그리고 캐나다와 마찬가지로 교사를 대상으로 연수를 열어 교육하고 있다. 다만, 다른 점은 특수교육공학기기가 필요한 학생이 있어 학교에서 연수를 신청하면 SET-BC에서 찾아와 학교나 학급 단위의 연수를 실시한다. 이는 특수교육공학기기는 필요한 학생뿐 아니라 그를 지도하는 교사, 함께 수업을 받는 학생들이 모두 익혀야만 학습의 효과가 있다고 생각하는 사고(UDL)에서 시작된다. 물론 이를 지원하는 전담팀이 있다.

SET-BC에서는 새로운 기기를 개발하기보다 현재 좋은 앱이나 기기를 다양하게 활용하는 방법을 연구해 교사들에게 연수하고 안내해 준다

그리고 특수교육공학기기가 필요한 학생에게 맞춤형 코디와 지원을 위해 찾아가는 서비스를 지원하며 이를 지원하는 팀도 별도의 인원이 배정되어 운영된다. 조금은 신선하게 다가왔던 것은 새로운 기기를 개발하기보다 현재 좋은 앱이나 기기를 다양하게 활용하는 방법을 연구해 교사들에게 연수하고 안내해 준다고 하니 이러한 시스템은 우리나라에도 충분히 도입될 수 있으리라 생각한다.

헝가리의 통합교육 이야기

우린 모두 달라

개인적으로 헝가리의 특수교육이 궁금해서 방문 기관을 섭외하고 뜻이 맞는 동료와 함께 탐방을 떠났다. 사회주의 국가였던 헝가리는 1989년 10월 23일에 신헌법(헝가리 공화국헌법)의 시행으로, 다당제와 대통령제를 기반으로 한 자유민주주의와 시장경제를 도입하고 국호를 "헝가리 공화국"으로 변경하였다. 그러한 역사적 영향이 었을까 헝가리의 교육은 개인의 개별성을 바탕으로 교육에 있어서도 균형을 강조하는 듯한 느낌을 받았다. 전통과 전문성을 기반으로 하는 모두가 다르므로 그에 적합한 교육을 받아야 하다는 신념. 그 속에 특수교육은 어떠했을까? 지극히 개인적일 수도 있지만 보고 듣고 느낀 것을 소개하고자 한다.

헝가리(부다페스트)는 초등학교 1학년에서 4학년까지 한 명의 교사가 담임을 맡는다. 그래서 초등학교 4학년 담임이 되면 다시 1학년 담임을 맡기 위해 일주일 동안 부모님을 대상으로 공개 수업을 실시한다. 어떤 교사는 음악교육을 브랜드로, 어떤 교사는 수학교육을, 어떤 교사는 놀이교육을,....

학부모들은 자녀의 적성과 성향들을 고려하여 공개수업을 충분히 모니터링한 다음 교사를 선택하고 4년을 믿고 맡긴다. 참 신기하게도 교사 한 명에게 몰리는 현상을 없다고 한다. 아이들이 각기 다른 특성을 가지고 있기 때문에 부모들은 그러한 점을 충분히 고려하여 선택한다는 것이다.

헝가리에는 완전통합은 없다. 완전통합을 하지 않는다고 해서 특수교육이 제대로 이루어지지 않는다고 말할 수 없는 것 같다. 그러한 판단은 이 글을 읽는 선생님의 생각에 맡기려고 한다. 헝가리 부모들은 자녀에게 맞는 교육을 해야한다는 사고를 가지고 있다. 그러한 맥락에서 장애학생들도 전문성을 가진 교사에게 교육을 받아야 한다고 생각한다. 특수학급에서 전문적인 교육을 받고 쉬는 시간에는 다른 학생들과 마음껏 뛰어놀고 어울린다고 하니 그들의 사고방식에서는 분리교육/통합교육의 의미를 논할 상황은 아닌 것 같다.

'나와 다르고 방해가 되니 별도로 교육을 받아야 한다.'가 아니라 너에게 맞는 전문적인 교육을 받기 위해 전문성을 가진 교사에게 교육을 받아야 한다는 개념으로 접근해야 하지 않을까 생각해 본다. 선진국이라고 해서 특수교육이 잘 이루어지고 후진국이라고 해서 특수교육이 제대로 이루어지지 않는다는 편견보다는 그 나라의 사회적 분위기와 시민의식, 교육관 등을 고려하여 종합적으로 접근해 볼 일이다.

[전통과 전문성을 강조하는 시각장애 특수학교]

이러한 관점에서 우리가 방문한 부다페스트 시각장애학교는 100년의 전통을 자랑하고 있었다. 기억에 남는 것은 오페라 하우스 같은 강당과 선택형 교육과정, 평가에 대한 자유로움을 느낄 수 있었다. 사실 의사소통이 원활하지 않아(헝가리는 영어를 거의 쓰지 않고 헝가리어만 사용한다) 이 부분은 확실하지 않지만, 평가에 대해 왜 스트레스를 받는지 이해하지 못하겠다는 분위기였다.

실제 헝가리 부모님들은 우리나라와 같은 생활통지표를 받지 않는다고 한다. 그저 학년 말 간단하게 메모된 평가서를 받는다니 우리나라 교육시스템에서는 상상이 하기 어려운 일이다. 형식적인 것보다 학생 개인의 적성과 개성을 강조하는 헝가리 교육의 장점을 우리나라 통합교육 상황에서도 한 번쯤 참고해 볼만한 부분인 것 같다.

통합교육으로 통하는 통로

인 쇄 | 2021년 6월 30일
발 행 | 2021년 6월 30일
저 자 | 정명철, 한경화, 이수경, 박진수, 박송희, 정예설, 강정원

발행인 | 박성규
발행처 | (주)오름에듀테크
주소 | 서울시 서초구 서초중앙로8길 16 2층
전화 | 02-595-3534 Fax | 02-6949-2205
기획 | EBS
편집장 | 김사인
디자인 | Boon Companion(분컴패니언)
E-mail | ormedu@ormedu.co.kr

※ 불법복사는 지적재산을 훔치는 범죄행위입니다.
※ 본 교재는 (주)오름에듀테크가 제작한 교재로 무단 배포 및 도용, 다른 용도의 사용(상업적 사용) 금지 합니다.
저작권법 제136조에 따라 위반자는 5년 이하의 징역 또는 5천만원 이하의 벌금에 처하거나 이를 병과할 수 있습니다.

값 14,800원